汉 画 全 集

——山东卷（临沂）

山东博物馆　编著

文物出版社

图书在版编目（CIP）数据

汉画全集：山东卷：临沂 / 山东博物馆编著.
北京：文物出版社，2025. 6. -- ISBN 978-7-5010
-8785-3

Ⅰ. K879. 424

中国国家版本馆CIP数据核字第2025MN6880号

汉画全集——山东卷（临沂）

HANHUA QUANJI——SHANDONG JUAN (LINYI)

编　　著：山东博物馆

封面设计：王子潇
责任编辑：刘雅馨
责任印制：王　芳

出版发行：文物出版社
社　　址：北京市东城区东直门内北小街2号楼
邮　　编：100007
网　　址：http: //www.wenwu.com
邮　　箱：wenwu1957@126.com
经　　销：新华书店
印　　刷：北京荣宝艺品印刷有限公司
开　　本：965mm×1270mm　1/16
印　　张：10
版　　次：2025年6月第1版
印　　次：2025年6月第1次印刷
书　　号：ISBN 978-7-5010-8785-3
定　　价：260.00元

编委会

论山东汉画像石的临沂风格

于秋伟　刘梦雨（山东博物馆，250014）

内容摘要：截至目前，山东汉画像石发现总数量超过 10000 块，集中分布在鲁中南、鲁东南地区，在山东其他地区亦有不同数量的发现。其中鲁东南地区以临沂为中心分布，即古琅琊郡、东海郡区域，以丰富的画像内容和高浮雕的艺术形式，形成了山东汉画像石的临沂风格。

关键词：山东　汉画像石　鲁东南区　高浮雕　临沂风格

山东汉画像石作为中国汉画像石的代表地区，其地域分布非常广泛，涵盖了山东全境，只是分布不均衡，大多集中于鲁中南、鲁东南地区，其中鲁西、鲁北地区也有较多发现，半岛地区发现数量相对较少。鲁东南地区主要是指以临沂为中心的诸多区县，包括费县、沂南县、莒南县、莒县、郯城县、兰陵县、平邑县、沂水县、临沭县等（图一）。临沂汉画像石的代表作是沂南北寨汉墓和临沂吴白庄汉画像石墓。自 1954 年华东考古工作队正式科学考古发掘沂南汉墓以来[1]，临沂地区汉画像石开始进入研究者视野。沂南汉墓个例研究成为研究的热点，后来，陆续发现了临沂吴白

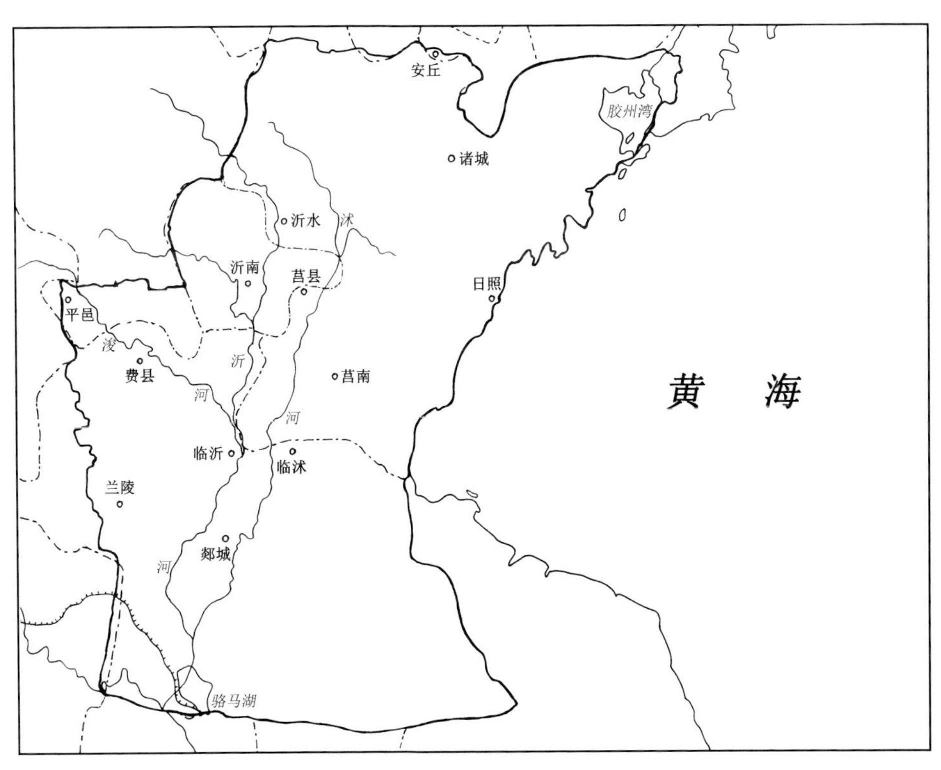

图一　临沂风格区汉画像石分布示意图

[1] 曾昭燏、蒋宝庚、黎忠义：《沂南古画像石墓发掘报告》，文化部文物管理局，1956 年。今年恰逢沂南汉墓发掘 70 周年，在此特向先辈致敬。报告编辑出版至今，仍被视为汉画释读、描述、编辑出版的圭臬，谨向总编辑曾昭燏先生致敬。

庄（1958 年）[2]、费县刘家疃（1966 年）[3]、兰陵城前村（1973 年）[4] 等画像石墓，使得临沂地区汉画像石的面貌渐为世人所知。

一 山东汉画像石地域风格

山东汉画像石的地理分布是不均衡的，从早期来看，西汉时期主要分布在鲁国的曲阜、邹城、滕州，东海郡的临沂、枣庄、费县，山阳郡的嘉祥、巨野、兖州等地，北海郡的昌乐、潍坊等，其他地区均为零星发现。画像内容集中在璧翣、常青树、璧连环、门阙、宴饮等，后期出现了车马出行、乐舞杂技、庖厨宴饮、狩猎等画像，雕刻技法绝大多数为阴线刻，少量减地平面线刻。因此，这一时期地域风格较为统一，各地区间未产生较大差别，这与西汉时期政治阶层稳定、未产生平民之间贫富分化的历史背景相一致。东汉时期，石椁墓基本消失，大型石室墓以及地上建筑包括祠堂、石阙等逐渐流行，工匠群体逐渐固定，各种雕刻技法日益成熟，逐渐形成了较为鲜明的地域风格。

20 世纪 80 年代以来，随着汉画像石集中发现和研究热度不断提升，学者们对于汉画像石的研究达到了前所未有的高度。到 21 世纪前叶，山东地区汉画像石的发现进入平稳期，重要发现多为重点地区的叠加，未能在空白区域取得新发现，因此，山东汉画像石风格的总结和提炼时机日臻成熟。作者尝试按照考古类型学方法，将山东汉画像石的风格划分为三个类型区域，分别是嘉祥（济宁）、滕州（枣庄）、临沂区，其他地区汉画像石则是这三个地区风格向外传播、影响、融合的结果。并且，在划分风格分布区时，将其分为风格核心区和风格影响区两种。这三个风格核心区是相对独立的，但是，影响区却是互相交叉，甚至多处重合，从而产生了各种风格在非核心区并存的文化风貌。

二 临沂风格区的分布

汉画像石的第一大分布区——鲁南、苏北、豫东、皖北在汉代大部分属于徐州刺史部、兖州刺史部和豫州刺史部，徐州刺史部辖楚国、临淮郡、广陵国、泗水国、东海郡、鲁国、琅琊郡；兖州刺史部辖泰山郡、东平国、山阳郡、定陶国、东郡、陈留郡、淮阳国；豫州刺史部辖颍川郡、汝南郡、沛郡、梁国[5]。其中，与今天山东相关的是东海郡、鲁国、琅琊郡。可以看到，今天汉画像石分布集中的曲阜、邹城、滕州等地均属鲁国，临沂、郯城、费县则属东海郡、琅琊郡，济宁、嘉祥属山阳郡。鲁国和东海郡、琅琊郡同属徐州刺史部，山阳郡属兖州刺史部。

以古琅琊郡临沂为中心的类型地区包括现在的沂水、沂南、费县、平邑、兰陵、郯城等地[6]，其画像内容较之其他两区题材减少，尤其是历史人物题材数量下降，画像榜题少且舛误较多，对应度下降，反映出其分布区受到儒家思想影响在减弱的历史情形（图二）。但是，在雕刻技法上，临沂类型以浅浮雕和高浮雕为主，尤其是高浮雕运用较多，在浮雕物象上以阴线勾勒细部，画像精美，则反映出临沂类型接受外来因素影响，甚至是外来工匠的时空关系，这与东海郡临海，境内有重要港口——海州（今连云港）有关。史籍记载，楚王受到外来影响的时间最早，楚王陵是最早出现的以山石为椁的级别最高的墓葬，因此，以山石为椁的丧葬观念和石刻工艺应该最早是楚王地域使用，随后逐渐流行起来的。这一点表现在雕刻技法上，

[2] 临沂市博物馆编：《临沂吴白庄汉画像石墓》，齐鲁书社，2018 年。中国汉画学会副会长、山东博物馆副馆长杨爱国先生领衔编辑出版此书，谨向杨爱国先生和临沂市博物馆同仁致敬。

[3] 山东博物馆、费县博物馆编著：《费县刘家疃汉画像石墓》，文物出版社，2019 年。中国汉画学会副会长、山东博物馆于秋伟受费县博物馆潘振华馆长委托编辑出版此书，谨向课题组成员李宁、朱华、阮浩、杨西辉、尹传亮致敬，向绘制总平面图的刘善沂先生致敬，向榜题文字释读的姜生、杨东霞致敬。

[4] 张其海：《山东苍山元嘉元年画象石墓》，《考古》1975 年第 2 期，第 124 ～ 134 页。正式发掘报告尚在整理中，未能正式出版。

[5] 谭其骧：《中国历史地图集（第二册）》，中国地图出版社，1982 年。

[6] 具体范围与县域不完全重合，绘制的地图见拙作《山东汉画像石地域风格初步研究》，《文物天地》2024 年第 8 期，第 23 ～ 27 页。

即更加忠实于波斯和罗马风格，使用高浮雕、透雕和圆雕的作品技法娴熟，工艺水平很高，应为汉画像石雕刻的代表作。

综合内容和雕刻技法两方面的特点，这里将以高浮雕为主要雕刻技法，画像内容丰富，榜题不清或者不刻，榜题与画像对应度降低，画像精美的这一类画像石称为“临沂风格”（图三）。

临沂类型的代表作品为沂南汉墓、临沂吴白庄画像石墓、费县刘家疃汉画像石墓以及临沂五里堡汉墓、平邑汉墓等地出土的画像石。其中，吴白庄画像石墓高浮雕和透雕水平最高（图四），平邑发现的浅浮雕和圆雕结合的石柱为山东地区所仅见[7]（图五）。

三　临沂风格内容特点

临沂风格区以神仙、祥瑞类画像为特色，以吴白庄圆雕的胡人、翼兽为代表，其他如西王母、九尾狐、毕方、麒麟、大象等也很常见。

一是羽人画像。其代表主要有临沂市吴白庄汉墓出土的人首人身和人面鸟，临沂汽车技校、临沂棉织厂、沂水县韩家曲出土的人首人身等。这些汉画像石的年代都属于西汉晚期至东汉晚期阶段，以高超的刻工技艺创造了丰富的人物形象。此外，相较其他地区，临沂地区的羽人图像更侧重情节性的构建[8]。

二是以西王母为代表的神仙人物。临沂风格画像

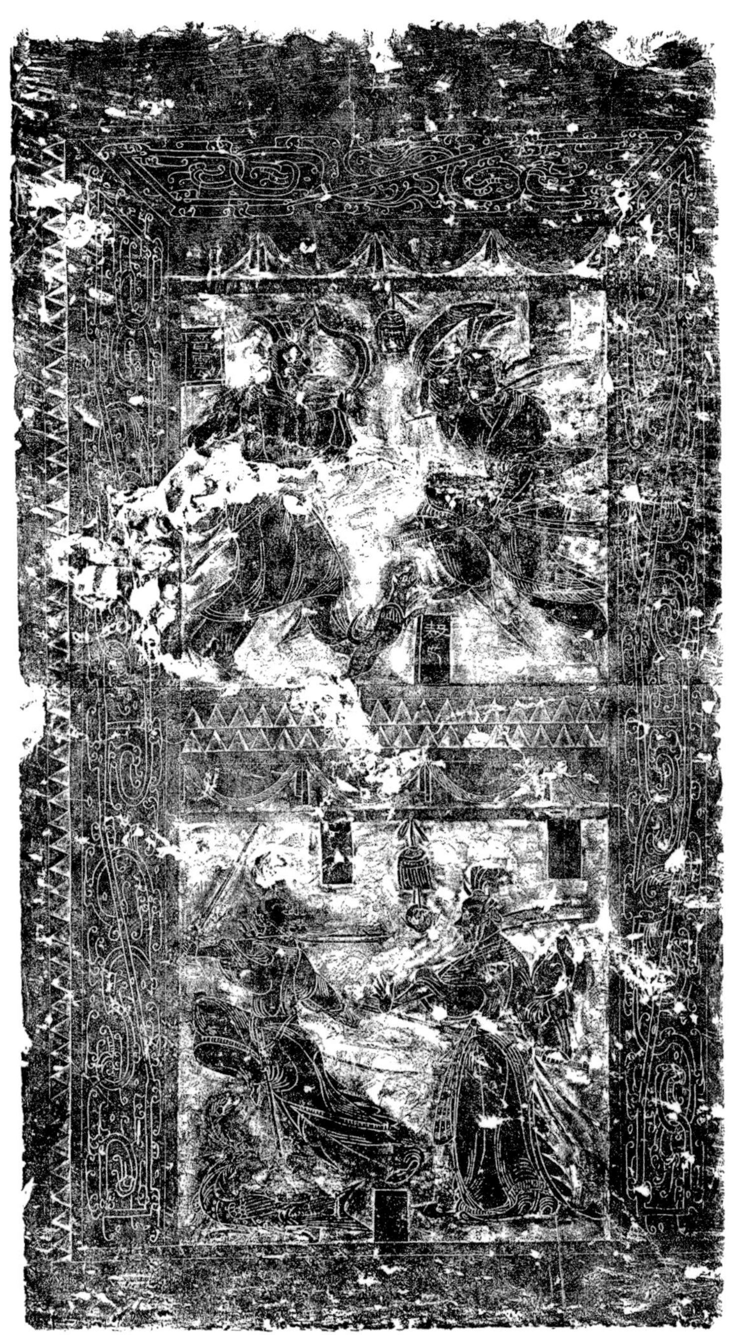

图二　沂南汉墓画像榜题与人物

图三　临沂风格画像石

[7]　详见本书“平邑县博物馆”内容。

[8]　其他地区：四川的仙人六博风格、南阳的羽人与应龙风格、晋陕地区的简朴风格，各有特色。

图四　临沂吴白庄汉墓立柱

图五　平邑汉墓立柱

石中，西王母的形象较为固定，一般端坐于山形座上，周边多为玉兔捣药等；东王公身边多为羽人，较为简洁。仙人、瑞兽等则分布于墓室内的立柱、支柱、过梁等处。

三是以车马出行为代表的画像石。这类汉画像石内容较为丰富，创作形式复杂，出土分布也较为广泛。一类是车马送葬图，以导车、灵车、柩车为主要形制；另一类则是出行图，以轺车为主要形制。

四是以乐舞为主要题材的画像，分布较为广泛。在平邑和临沂出土的画像石内容有建鼓舞、长袖舞，在苍山出土的有长袖舞、杂技，在沂水出土的有长袖舞、盘鼓舞、杂技，在费县出土的有盘鼓舞，在莒南县出土的有建鼓舞、长袖舞和杂技等。这些汉画像石多属于东汉中晚期，舞蹈形象丰富，具有较为明显的艺术特征。

五是民族融合的内容。在两汉时期，社会经济得以平稳发展，民族交流活动更加频繁，这种交流既有经济生活方面的交往，也有战争形式的剧烈冲突。这些交流活动都以汉画像石的形式保留了下来。其出土的代表作品主要有沂南汉墓门楣画像石、临沂苍山元嘉元年画像石墓和莒南县东莞孙熹石阙等。

临沂风格题材的选取与其他地域相比，范围广，各类题材均有涉猎。在题材中更加侧重升仙和死后生活内容，神话故事与民间传说题材内容较少，涉及历史故事和历史人物较少，普遍存在有榜无题或者榜题错讹的现象，图像通过人物形象辨认的难度较大，而且对应性不强。此外，还吸纳了大量异域风情元素的题材[9]。

四　临沂风格艺术特色、技法来源

临沂风格区雕刻技法多采用高浮雕，物象突出，在物象上以阴线描绘细部，具有极强的艺术感染力，形成了具有浓郁地方风格的艺术特色。艺术风格形成背景有以下四方面原因：

一是经济因素，当地的富裕程度决定了石料的开采和加工以及墓葬规模。

二是风俗影响，临沂风格区中大型墓葬居多，少见祠堂等建筑，这应当与当地丧葬习俗密切相关。

三是工匠技艺的区别，可能来自传播路线的差异。在汉代，除了陆上丝绸之路以外，还有一条海上丝绸之路，其中，明州、海州、登州为其中著名港口。从外地来的工匠登陆后，首先会到达中心区，因此，在以徐州为中心的第一分布区，雕刻水平更为接近传入的技法，即以高浮雕、透雕和圆雕为主的雕塑占据主要方面。这种雕刻技法传入后，与当地工艺、风俗以及出产石材实际情况结合，从而产生了临沂风格的雕刻技法。

四是周边工艺的互相影响。由于工匠的流动，很多嘉祥区、滕州区的艺术风格也传到了临沂地区，如沂南汉墓主要的雕刻手法就属于嘉祥风格[10]（图六）。

图六　沂南汉墓中的嘉祥风格画像

[9] 汉画像石艺术起源于我国，但是在技法和内容上吸收了大量的异域元素，尤其是古代波斯、古罗马的艺术风格，这种艺术风格的传播，虽不排除陆上丝绸之路的途径，但临沂特殊的地理位置更多还应该是海上丝绸之路的途径，只是目前这种途径关注度不够，路线不清晰，容易被研究者忽略，下一步应该加强这方面研究，早日解决临沂画像石风格中雕刻技法的来源问题。

[10] 沂南汉墓门楣画像石以及过梁画像石均为典型的临沂风格，但是其他部位画像石均采用了铲地凸面线刻的雕刻技法，这是嘉祥风格的典型特色，这说明沂南汉墓营造期间，墓主人家族专门聘请了高水平的嘉祥工匠参与了画像的雕刻。其背后的原因很可能与东汉末年时局动荡、无法保证临沂风格的长时间雕刻工期有关，旁证是沂南汉墓2号墓，虽然墓室结构和石材与1号墓基本相同，但是未发现一幅雕刻的画像。

五　对其他地区的影响

临沂风格区影响主要有三个方向：向北，沿着沂山和滨海山地之间的古道传播到鲁北和半岛地区，以诸城、安丘为中心，辐射到昌乐、青州、淄博、高密、济阳、青岛、烟台等地，代表作品如安丘董家庄汉墓石柱以及昌乐、烟台、济阳、淄博等地发现的高浮雕石羊头等。向西，沿着蒙山和尼山之间的通道双向传播，嘉祥、滕州、临沂风格在此交汇，临沂风格由此向济宁传播，从而使邹城汉画像石呈现出别具一格的艺术特色（图七）。滕州、济宁等地汉墓中发现的罗马柱即为传播的证据。向南，影响到淮河流域的广大地区，主要是苏北和连云港地区。其中，连云港最为重要，另文专门讨论。

结　语

山东地区发现的汉画像石按照其艺术特点可以分为嘉祥、滕州、临沂三大分布区，其他地区则为三大区的影响区或者交叉影响区。

汉画像石的分区研究具有重大价值和意义，山东汉画像石与全国其他分布区相比，具有山东本地的特点，但是着眼于山东各地区时，这些地方又具有各自的特点，总结和提炼风格特点成为分区的重要依据之一。其次，分区研究还有利于对画像石进行深入研究。由于汉画像石的传播路线非常复杂，各地风格特点互相交融汇合，只有先进行画像石分区，才能逐步厘清山东汉画像石传播的路线以及各大分布区之间的影响，从而更好地进行深入研究。

图七　城南张汉墓画像石

目　录

论山东汉画像石的临沂风格 ······ 1

一　临沂市博物馆 ······ 01

1. 祥瑞、迎宾、车马出行画像石 ······ 01
2. 西王母、交龙画像石 ······ 03
3. 人物、庖厨画像石 ······ 04
4. 庖厨画像石 ······ 05
5. 雷神、车马过桥画像石 ······ 07
6. 瑞兽、车马出行画像石 ······ 08
7. 瑞兽、车马出行画像石 ······ 10
8. 瑞兽画像石 ······ 12
9. 门吏画像石 ······ 13
10. 门吏画像石 ······ 14
11. 祥瑞画像石 ······ 15
12. 楼阁人物画像石 ······ 17
13. 龙、虎画像石 ······ 18
14. 交龙画像石 ······ 19
15. 交龙画像石 ······ 20
16. 楼阁人物画像石 ······ 21
17. 树、雀、马、拾粪者、列骑画像石 ······ 22
18. 拜谒画像石 ······ 23
19. 祥瑞画像石 ······ 25
20. 祥瑞画像石 ······ 27
21. 凤鸟画像石 ······ 28
22. 门吏画像石 ······ 29
23. 车骑出行、瑞兽画像石 ······ 30
24. 车马出行画像石 ······ 31
25. 祥瑞画像石 ······ 32
26. 翼龙、门吏画像石 ······ 33
27. 祥瑞画像石 ······ 34
28. 东王公、龙画像石 ······ 35
29. 门吏、翼龙画像石 ······ 36
30. 西王母画像石 ······ 37
31. 龙凤画像石 ······ 38
32. 西王母、朱雀石阙 ······ 39
33. 西王母、拜谒、伏虎画像石 ······ 40
34. 胡汉战争画像石 ······ 41
35. 狩猎、燕居画像石 ······ 42
36. 翼龙、翼虎、朱雀画像石 ······ 43
37. 蹶张石阙 ······ 44
38. 玄武画像石 ······ 45
39. 九头人面兽画像石 ······ 46

二　沂南县北寨汉画像石墓博物馆…………47
40. 车马出行画像石…………47
41. 六博百戏画像石…………49
42. 胡汉交战画像石…………51
43. 扶桑树画像石…………52
44. 拜谒画像石…………53
45. 羽人、瑞兽画像石…………54
46. 瑞兽画像石…………56
47. 门吏画像石…………57
48. 门吏画像石…………58
49. 瑞兽画像石…………59
50. 门吏画像石…………60
51. 瑞兽画像石…………61
52. 龙衔五铢画像石…………62
53. 仙人、玉兔捣药、交龙立柱…………63
54. 翼龙画像石…………64
55. 翼龙画像石…………65
56. 交龙画像石…………66
57. 人物、翼龙立柱…………67
58. 人物、翼龙立柱…………68
59. 楼阁人物画像石…………69

三　沂水县博物馆…………70
60. 羽人饲凤、乐舞百戏画像石…………70
61. 羽人捧仙药、交龙画像石立柱…………71
62. 龙、毕方鸟衔绶带画像石…………72
63. 门阙画像石…………73
64. 妇人启门画像石…………74
65. 庖厨、车马出行画像石…………75
66. 祥瑞、射爵画像石…………76
67. 武士画像石…………77
68. 门吏、祥瑞画像石…………78
69. 门吏画像石…………79
70. 瑞兽画像石…………80
71. 仙人对饮狩猎画像石…………81
72. 毕方鸟画像石…………82
73. 瑞兽画像石…………83

四　平邑县博物馆…………84
74. 庖厨、乐舞画像石…………84
75. 人物画像石…………85
76. 神兽画像石…………86
77. 胡人、祥瑞、交龙画像石…………87
78. 胡人、祥瑞、操蛇之神画像石…………88
79. 胡人、祥瑞画像石…………89
80. 羽人、瑞兽、朱雀画像石…………90
81. 门吏、胡人画像石…………91
82. 胡人、瑞兽、朱雀画像石…………92
83. 胡人、瑞兽画像石…………93

五　莒南县博物馆…………94
84. 瑞兽画像石…………94
85. 交龙、玉兔捣药、奏乐画像石…………95

六　郯城县博物馆 …… 96
86. 瑞兽、仙人饲鹿画像石 …… 96
87. 西王母画像石 …… 97
88. 孔子见老子画像石 …… 98
89. 车马出行画像石 …… 99

七　兰陵县博物馆 …… 100
90. 胡汉桥头交战画像石 …… 100
91. 狩猎、祥瑞画像石 …… 101
92. 格斗、驭龙、驯虎画像石 …… 102
93. 燕居、祥瑞画像石 …… 103
94. 侍女、祥瑞画像石 …… 104
95. 刺虎画像石 …… 105
96. 车马出行画像石 …… 106
97. 门吏、翼虎画像石 …… 108
98. 双凤、翼虎画像石 …… 109
99. 龙、虎画像石 …… 110
100. 交龙画像石 …… 111
101. 车马过桥画像石 …… 112
102. 迎宾画像石 …… 114
103. 车马出行、祥瑞画像石 …… 116
104. 乐舞杂技、瑞兽画像石 …… 117
105. 仙人画像石 …… 118
106. 门吏画像石 …… 119

八　莒州博物馆 …… 120
107. 周公辅成王、乐舞、列骑画像石 …… 120
108. 交龙、瑞兽画像石 …… 121
109. 门吏画像石 …… 122
110. 交龙画像石 …… 123
111. 车马出行画像石 …… 124
112. 车马出行画像石 …… 125
113. 车马过桥画像石 …… 126
114. 门吏画像石 …… 127
115. 车马出行画像石 …… 128
116. 车马出行画像石 …… 129
117. 车马出行画像石 …… 130
118. 祥瑞画像石 …… 131
119. 门吏画像石 …… 132
120. 捕鸟画像石 …… 133
121. 祥瑞画像石 …… 134
122. 神兽画像石 …… 135
123. 射爵画像石 …… 136
124. 祥瑞画像石 …… 137
125. 瑞兽画像石 …… 138
126. 亲吻图画像石 …… 139
127. 瑞兽画像石 …… 140
128. 瑞兽画像石 …… 141
129. 金乌画像石 …… 142

后　记 …… 143

一 临沂市博物馆

1. 祥瑞、迎宾、车马出行画像石

东汉

高 100、宽 168 厘米

临沂五里堡出土

临沂市博物馆藏

平面高浮雕。画面有边栏，左、右栏内饰垂幛纹。图像分四栏。第一栏，祥瑞图。五只凤鸟分为两组。两只交颈；另两只展翅，共同围护中间小凤鸟。第二栏，迎宾图。主人戴进贤冠，在众人簇拥下前行；左边一人佩剑，执木刺恭迎，最后一人拥彗。第三栏，车马出行图。女主人乘辎车，两导骑，三从骑右行。第四栏，车马出行图。男主人乘施维轺车，两导骑，两从骑右行，右端一人捧盾恭迎。

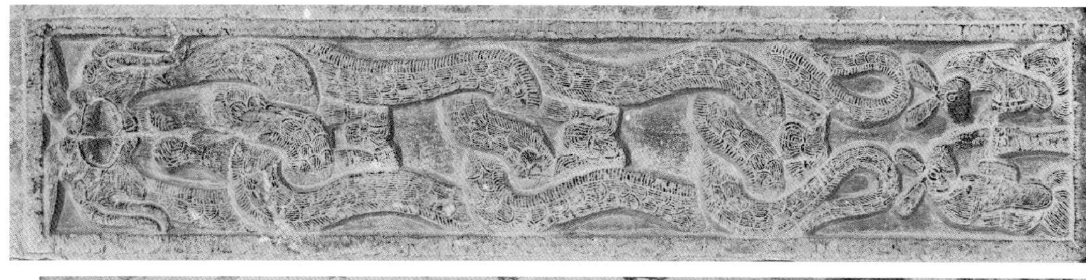

2. 西王母、交龙画像石

东汉

高 113、宽 88.5、厚 30 厘米

临沂五里堡出土

临沂市博物馆藏

平面高浮雕。石面主体部分刻两行题记，右刻“人马禽兽百鸟皆食太仓饮于河梁之下”，左刻“人马禽兽百鸟皆食于太仓饮于河梁之下”。题记外侧饰仙人、祥瑞。侧面一面刻西王母坐在山形高座之上，座间一虎二兔；另一面雕刻交龙和玉兔捣药。

3. 人物、庖厨画像石

东汉

高 53、宽 140 厘米

临沂五里堡出土

临沂市博物馆藏

平面高浮雕。画面有边栏，左、上、右栏内饰菱形纹。图像分两栏。第一栏，左起四人，分别两两对坐在两张榻上，旁置樽、盘；右边男、女主人各自坐在榻上，男主人两侧有执木刺的侍者，女主人两侧的侍者分别执木刺和便面。第二栏，庖厨。左端一庖丁俎前剖鱼，旁边的盘中置两鱼，身后置一壶；中间一庖丁切肉，身后两人在炉上烤肉串，一人执串，一人扇风；右端悬挂猪腿、兔和炊具。

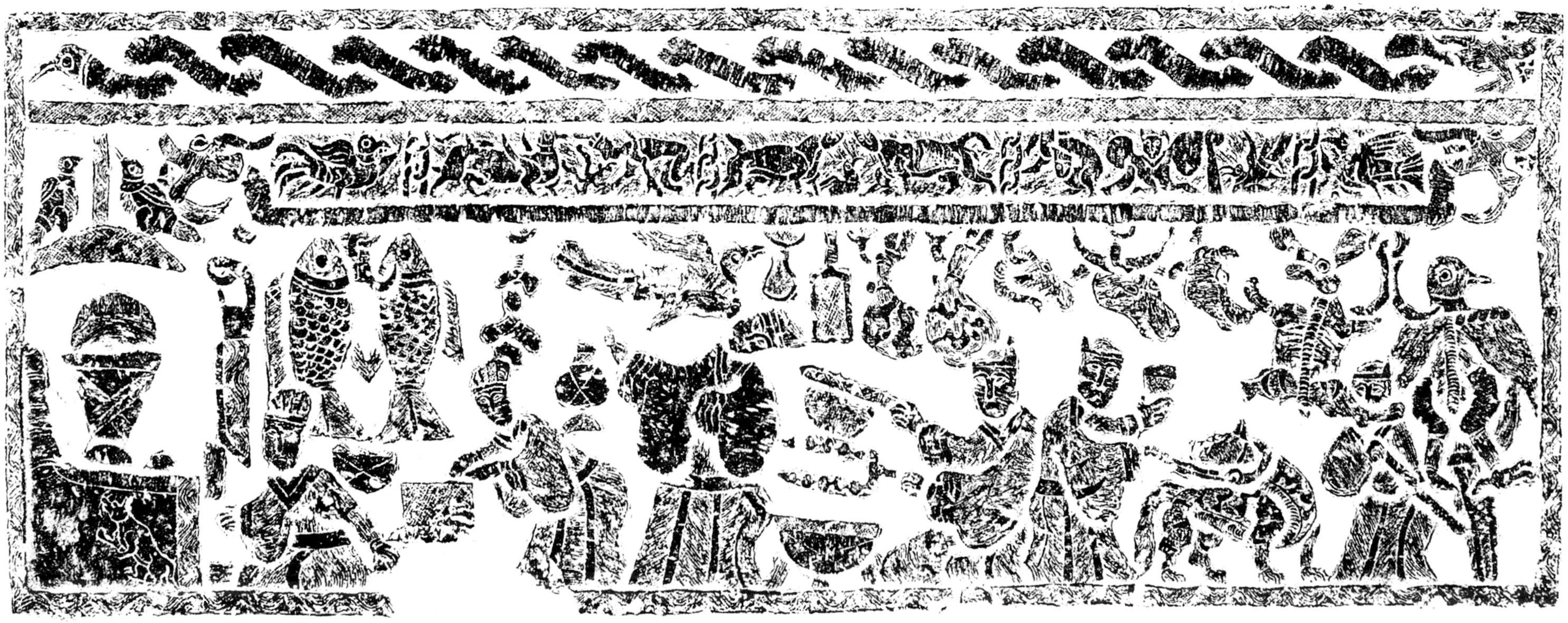

4. 庖厨画像石

东汉

高 49、宽 148 厘米

临沂五里堡出土

临沂市博物馆藏

平面高浮雕。画面有边栏，上栏内有纹饰。图像为庖厨。上方的龙头长杆上饰祥瑞禽兽，杆上挂鱼、猪腿、羊头、牛头、猪头、兔、鸡等食物；下方由右至左，分别有一人灶前烧火，一人弯腰和面，一人注酒，一人烤串，一人牵犬，一人执长刀侧立。

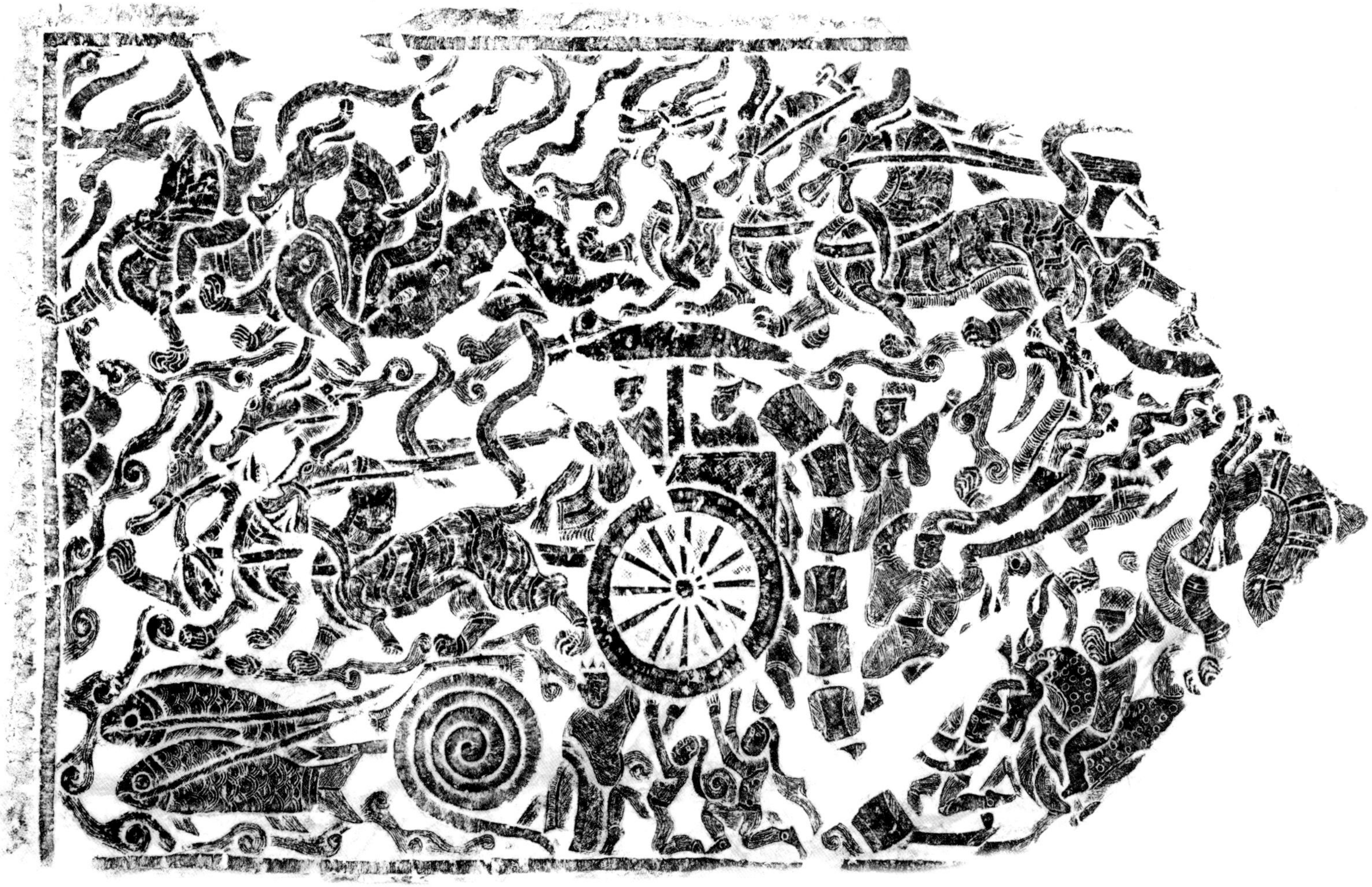

5. 雷神、车马过桥画像石

东汉

高 85、宽 143、厚 17.8 厘米

临沂五里堡出土

临沂市博物馆藏

平面高浮雕。一面图像为雷神出行。画面中间为三龙拉鼓车载雷神，车后一人持桴击鼓，一人长袖舞，后有龙、鹿，鹿上骑一人。鼓车下有三人，一人戴三山冠站立；两人单腿跪地，手托车轮。画面右下方为双鱼驾车，上方为两仙人骑龙，其后有三龙拉车。另一面图像分三栏。上栏，两仙人分别骑龙、虎，中间一鹿。中栏，瑞兽。下栏，两輂车过桥，前有一导骑，桥下两人撑船，左右各一人执罟捕鱼。

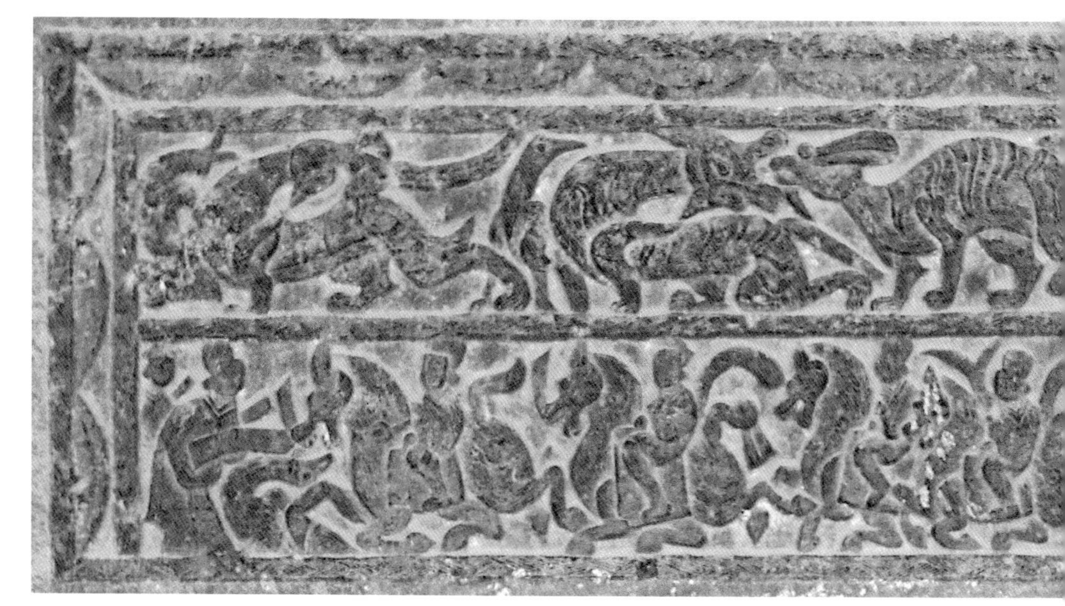

6. 瑞兽、车马出行画像石

东汉

高 53、宽 253、厚 39.5 厘米

临沂五里堡出土

临沂市博物馆藏

平面高浮雕。画面有边栏，左、上、右栏内饰垂幛纹。图像分两栏。上栏，瑞兽，为虎、凤、兔。下栏，车马出行。两轺车、四导骑、四从骑右行，右端一人捧盾、一人执木刺躬身迎宾。

7. 瑞兽、车马出行画像石

东汉

高 53、宽 253、厚 39.5 厘米

临沂五里堡出土

临沂市博物馆藏

平面高浮雕。画面有边栏，左、上栏内饰垂幛纹。图像分两栏。上栏，瑞兽，为虎、凤、龙、兔。下栏，车马出行。两轺车、一辎车、两导骑、两从骑右行，右端一轺车左行。

8. 瑞兽画像石

东汉

高 116、宽 31、厚 38.8 厘米

临沂五里堡出土

临沂市博物馆藏

平面高浮雕。画面有边栏，上、下栏内饰垂幛纹，左、右栏内饰菱形纹。图像分两栏。上栏，一凤鸟做展翅状，下栏，一龙、一虎回首向上。

9.门吏画像石

东汉

高 117、宽 31、厚 38.8 厘米

临沂五里堡出土

临沂市博物馆藏

平面高浮雕。画面有边栏。图像分三栏。上栏，一门吏捧盾恭立。中栏，两人相对。下栏，一人拥彗恭立。

10. 门吏画像石

东汉

高 117、宽 41、厚 37 厘米

临沂五里堡出土

临沂市博物馆藏

平面高浮雕。画面有边栏，栏内饰菱形纹。图像分两栏。上、下栏各有一门吏持木刺恭立。

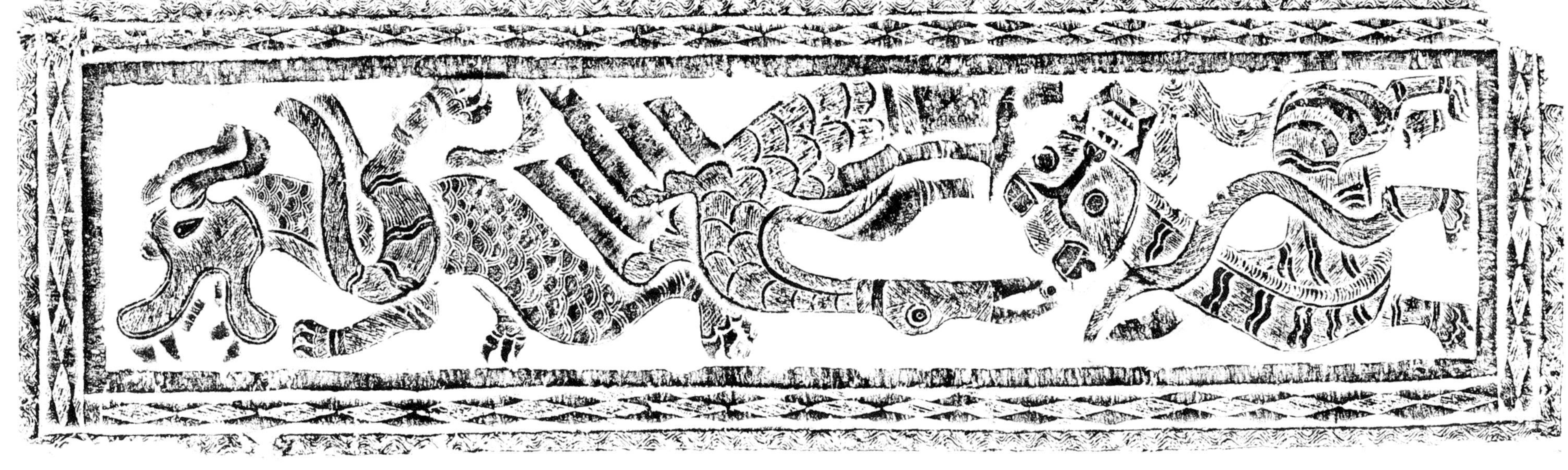

11. 祥瑞画像石

东汉

高 117、宽 41、厚 37 厘米

临沂五里堡出土

临沂市博物馆藏

平面高浮雕。画面有边栏，栏内饰双排菱形纹，外栏上饰水波纹。图像自上而下刻一龙昂首、一青鸟衔药、一虎昂首。

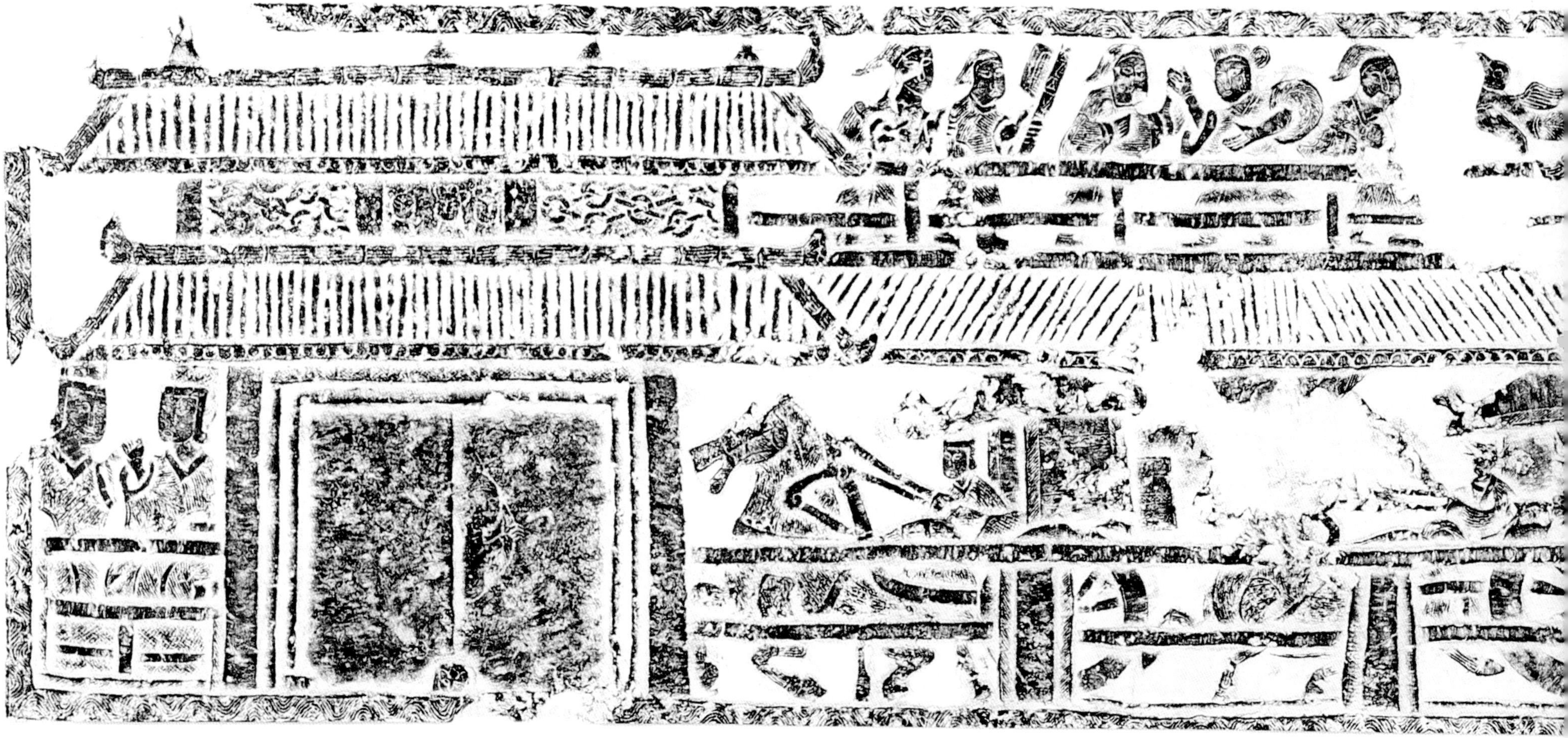

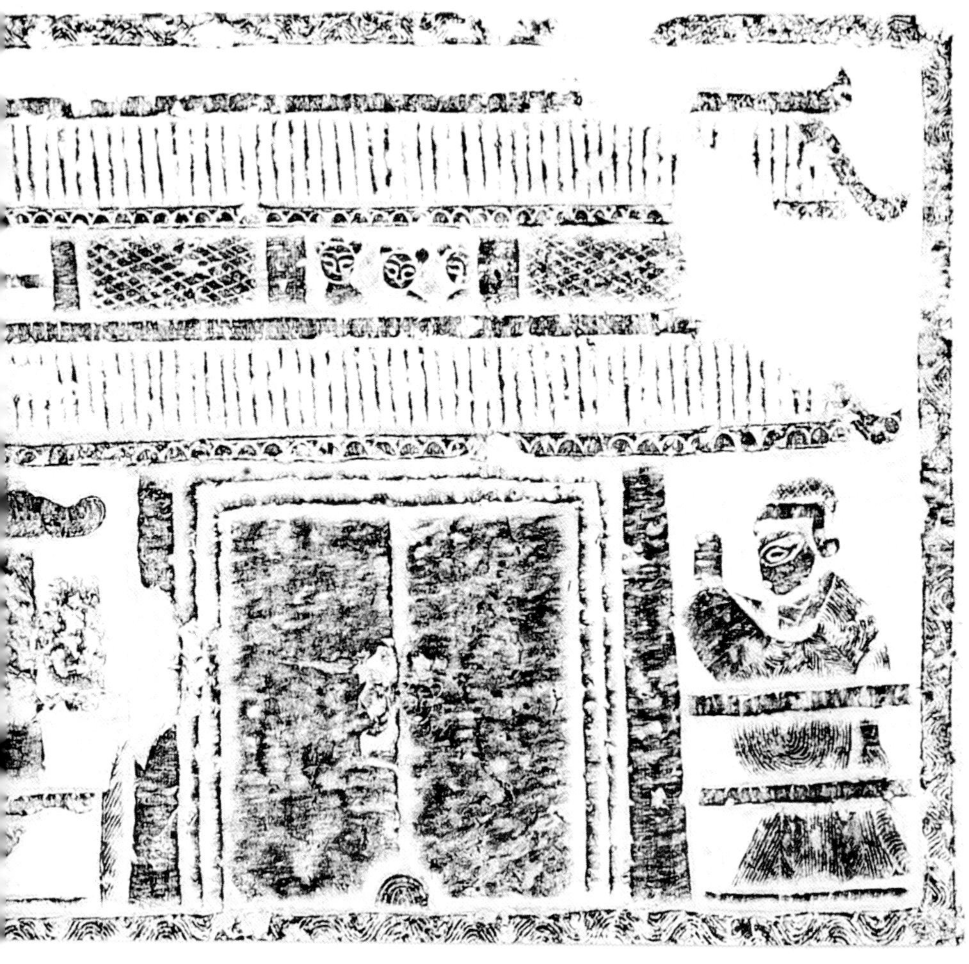

12. 楼阁人物画像石

东汉

高 50、宽 162 厘米

临沂五里堡出土

临沂市博物馆藏

平面高浮雕。画面有边栏。图像为一楼阁，楼阁分两层。上层五人居中，中间两人击掌状，左右三侍者，其中一人执便面；左右各有一阁，阁内有三侍女。下层，一軿车、一辎车右行，其两侧各一楼门，左端一人执木刺恭立，右端两人交谈。

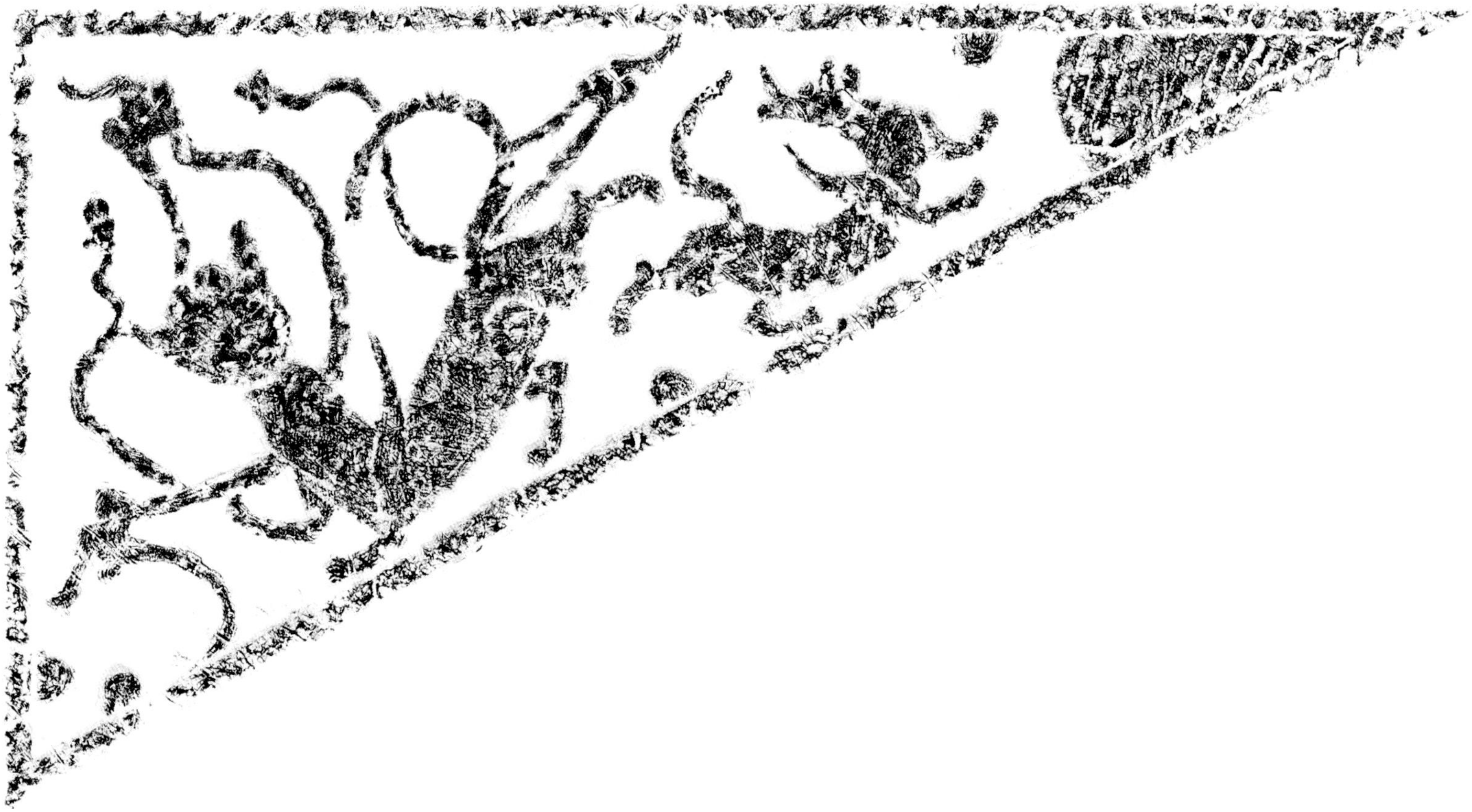

13. 龙、虎画像石

汉

高 87、宽 155 厘米

临沂金雀山出土

临沂市博物馆藏

浅浮雕。画面有边栏。右刻一龙回首，左刻一虎，周围绕以云气。

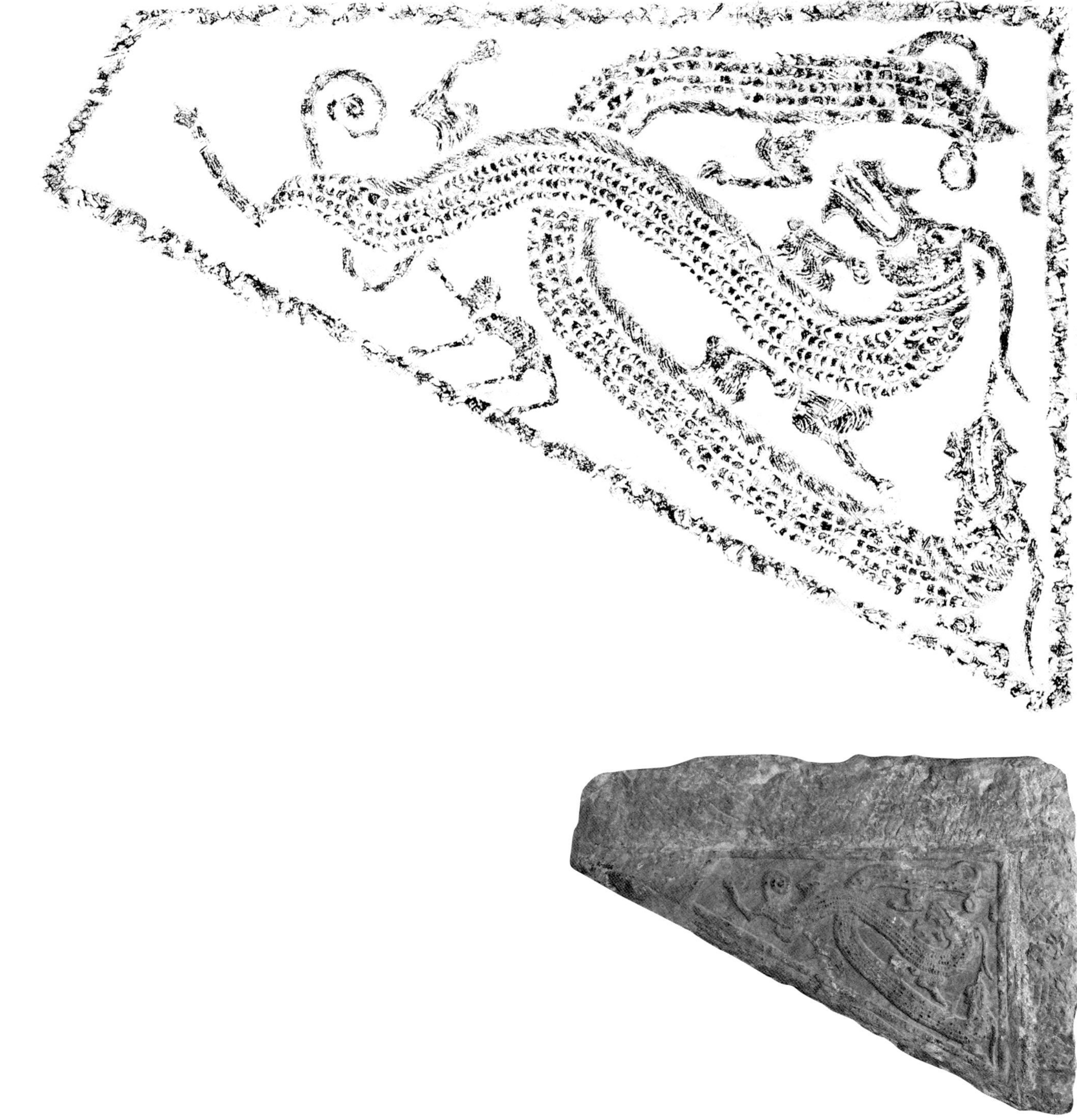

14. 交龙画像石

汉

高 87、宽 155 厘米

临沂金雀山出土

临沂市博物馆藏

浅浮雕。画面有边栏。图像为两龙相交，一猴填白。

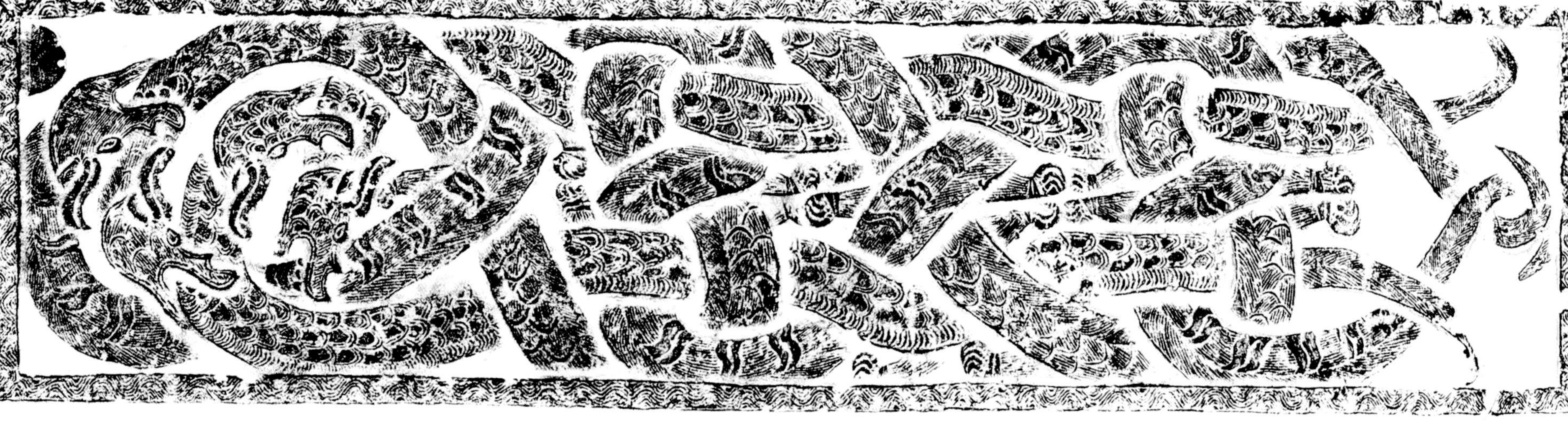

15. 交龙画像石

东汉

高 116、宽 36.5、厚 44 厘米

临沂五里堡出土

临沂市博物馆藏

平面高浮雕。画面有边栏。图像为四龙相交，龙首皆向上，龙身盘绕，龙尾向下。

16. 楼阁人物画像石

汉

高 118、宽 91 厘米

临沂金雀山出土

临沂市博物馆藏

浅浮雕。画面上方为三鱼共头。其下有边栏，栏内饰垂幛纹。边栏下方图像为楼阁，檐上攀两猿，楼内一人正面端坐，堂外两人侍立。

17. 树、雀、马、拾粪者、列骑画像石

汉

高 67、宽 73 厘米

临沂金雀山出土

临沂市博物馆藏

浅浮雕。画面有边栏。图像分两栏。上栏，刻一树，树上有鸟数只，树下一人、一马，人持粪筐和铲在马后拾粪。下栏，两人骑马左行。

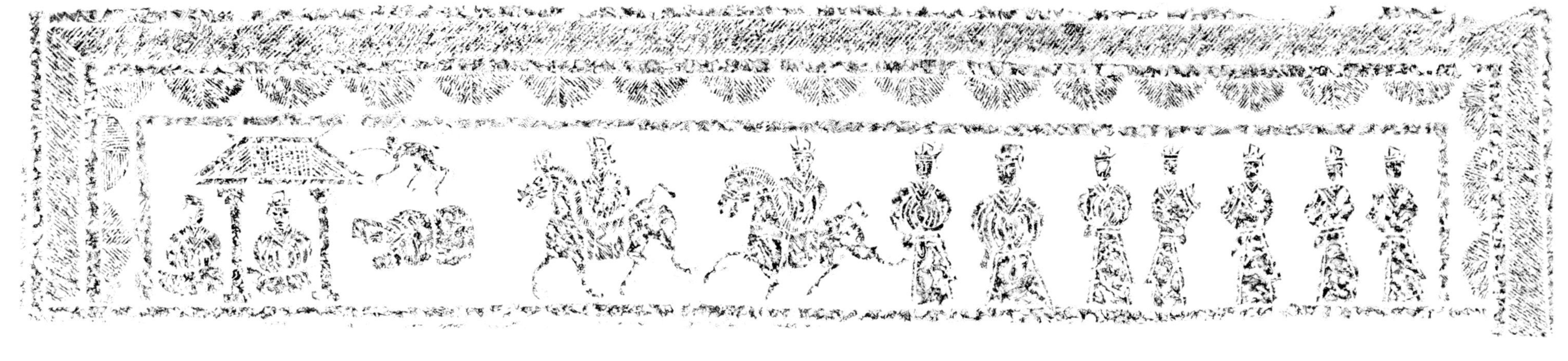

18. 拜谒画像石

汉

高 51、宽 270 厘米

临沂金雀山出土

临沂市博物馆藏

浅浮雕。画面有两重边栏，左、上、右栏内饰斜线纹、垂幛纹。图像右侧厅堂中一人正面端坐；堂外右侧一侍者，左侧一人跪拜；脊上一猴做攀援状。中部有两骑右行，后有七人戴冠着袍拜谒。

19. 祥瑞画像石

汉

高 112、宽 39、厚 40 厘米

临沂金雀山出土

临沂市博物馆藏

平面高浮雕。画面有边栏。图像自上而下为骑者、两朱雀、瑞兽、骑者、九尾狐、骑者；间刻羊、鸟、人填白。

20. 祥瑞画像石

汉

高 112、宽 46、厚 43 厘米

临沂金雀山出土

临沂市博物馆藏

平面高浮雕。画面有边栏。图像自上而下为一胡人弯弓射雀；两胡人共乘一翼兽，前者驭翼兽，后者回首张弓射雀；翼龙；一人与翼兽搏斗；翼兽。

21. 凤鸟画像石

汉

高 111、宽 37.5、厚 37 厘米

临沂金雀山出土

临沂市博物馆藏

平面高浮雕。画面有边栏。图像分两栏。上栏，一凤鸟展翅正面站立。下栏，朱雀衔绶带。

22. 门吏画像石

汉

高 115、宽 41、厚 35.5 厘米

临沂金雀山出土

临沂市博物馆藏

平面高浮雕。画面有边栏。图像分两栏。上栏，一执戟门吏。下栏，一拥彗门吏。

23. 车骑出行、瑞兽画像石

汉

高 51、宽 276 厘米

临沂金雀山出土

临沂市博物馆藏

浅浮雕。画面有两重边栏，左、上、右栏内饰斜线纹、垂幛纹。图像左侧为两轺车右行，前有一导骑，凤、翼龙、虎、鹿等瑞兽前引。

24. 车马出行画像石

汉

高 50、宽 173 厘米

临沂金雀山出土

临沂市博物馆藏

平面高浮雕。画面有两重边栏，左、上栏内饰斜线纹、垂幛纹。图像为两轺车右行，车前各有一导骑，右端一人捧盾躬身迎宾。

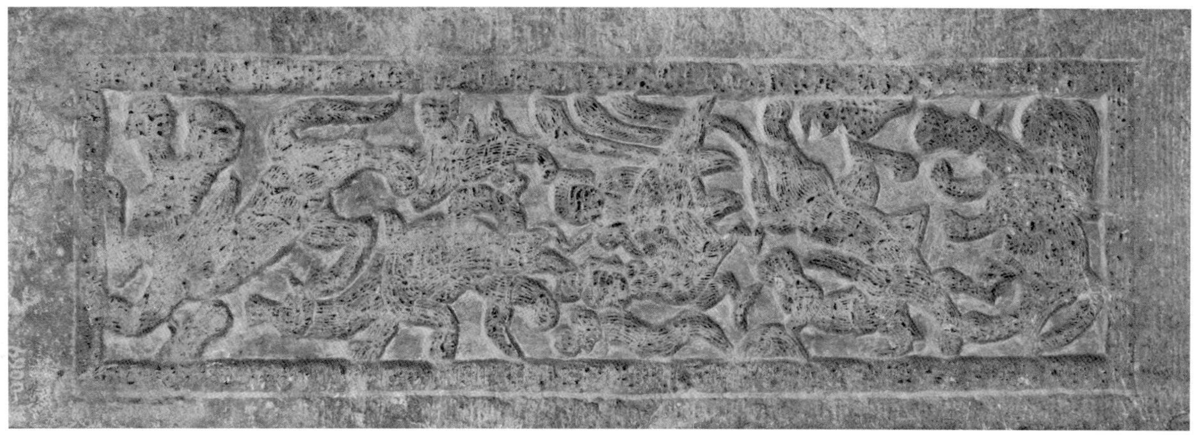

25. 祥瑞画像石

汉

高 109、宽 45、厚 42 厘米

临沂金雀山出土

临沂市博物馆藏

平面高浮雕。画面有边栏。图像自上而下刻双头人面兽、翼兽、人面兽、人首鸟身兽、翼兽等神兽。

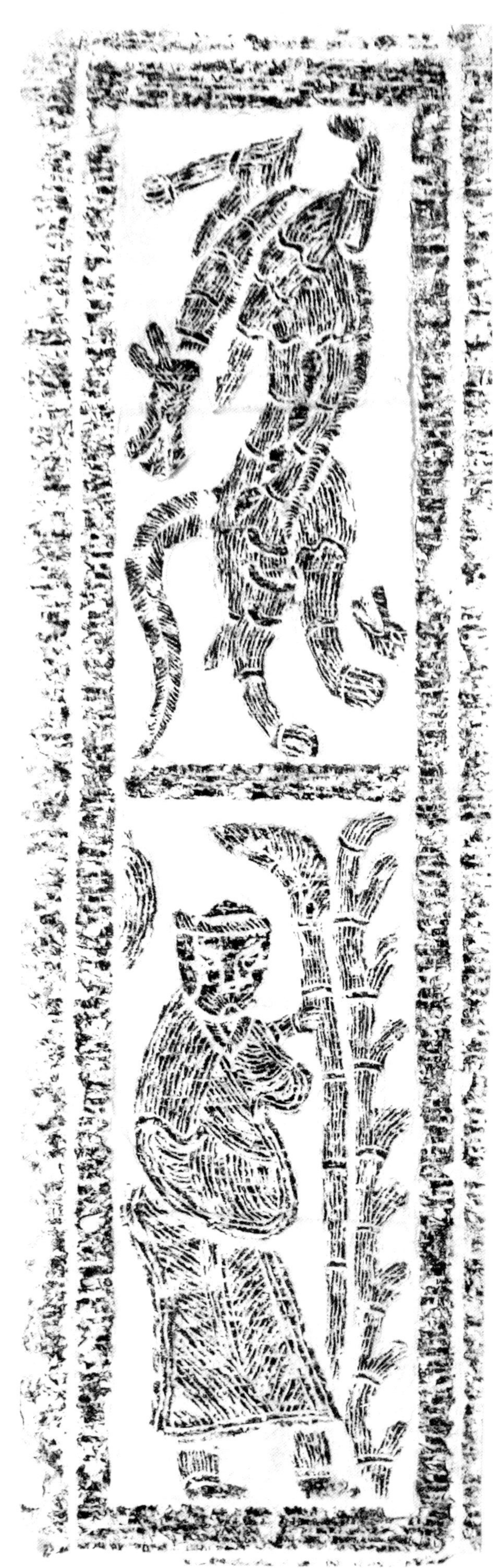

26. 翼龙、门吏画像石

汉

高 109、宽 45、厚 42 厘米

临沂金雀山出土

临沂市博物馆藏

平面高浮雕。画面有边栏。图像分两栏。上栏，一翼龙。下栏，一拥彗门吏。

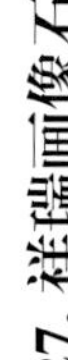

27. 祥瑞画像石

汉

高 112、宽 38、厚 40 厘米

临沂金雀山出土

临沂市博物馆藏

平面高浮雕。画面有边栏。图像上方刻两凤鸟相对；下方分别有三仙人乘神兽，其间有数人跪拜。

28. 东王公、龙画像石

汉

高 113、宽 47、厚 44 厘米

临沂金雀山出土

临沂市博物馆藏

平面高浮雕。画面有边栏。图像上方刻东王公，头戴山形冠，双手执物高举；下刻一龙绕树而上，间有小鸟填白。

29. 门吏、翼龙画像石

汉

高 113、宽 47 厘米

临沂金雀山出土

临沂市博物馆藏

平面高浮雕。画面有边栏。图像分两栏。上栏，一门吏。下栏，两翼龙。

30. 西王母画像石

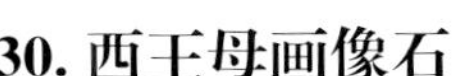

汉

高 113、宽 42、厚 97 厘米

临沂金雀山出土

临沂市博物馆藏

平面高浮雕。画面有边栏。图像正中为西王母端坐于山形座上，座两侧刻有玉兔捣药、羽人、神兽。

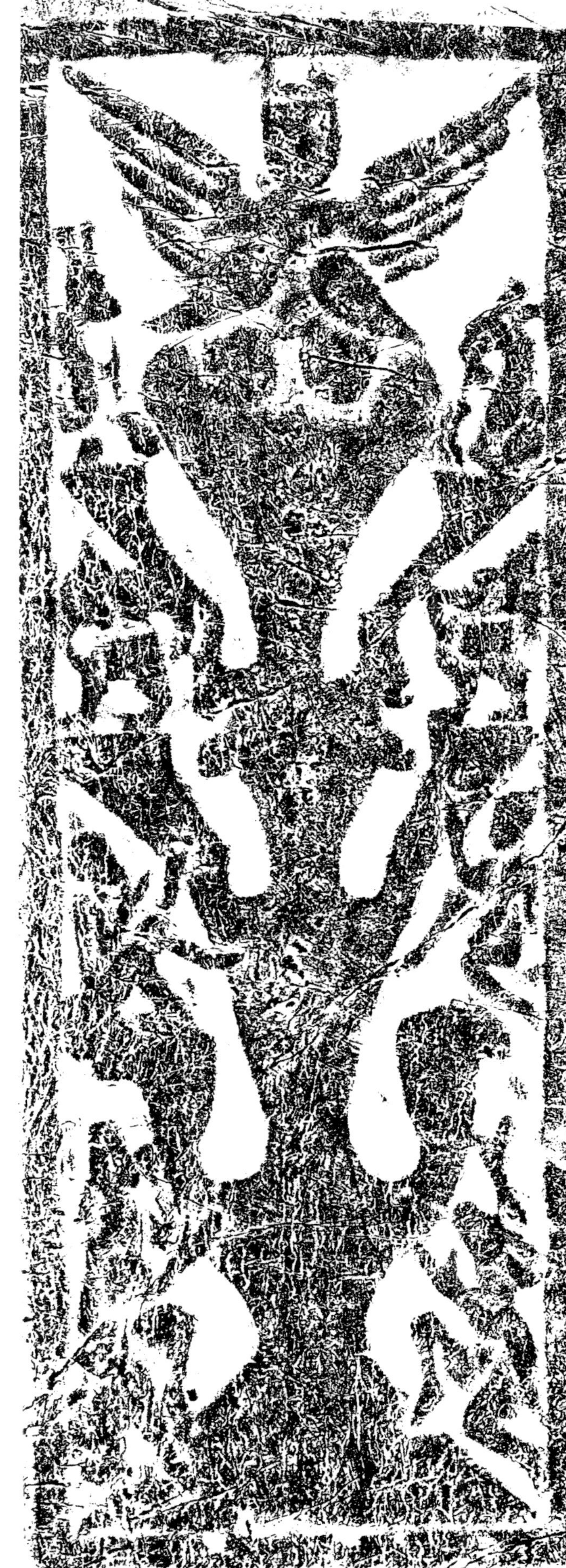

31. 龙凤画像石

汉

高 52、宽 177 厘米

临沂市金雀山汉墓出土

临沂市博物馆藏

浅浮雕。画面有边栏。图像分两栏。上栏，六凤鸟，两两一组，居中两凤鸟交颈。下栏，五龙，形态各异。

32. 西王母、朱雀石阙

西汉

高 155、宽 66、厚 37.5 厘米

临沂兰山出土

临沂市博物馆藏

平面高浮雕。画面有边栏。画面被中间一穿分成两部分。上部为朱雀衔绶带。下部为西王母端坐在山形座之上，座间刻有玉兔捣药、朱雀衔绶带、蟾蜍和犬。

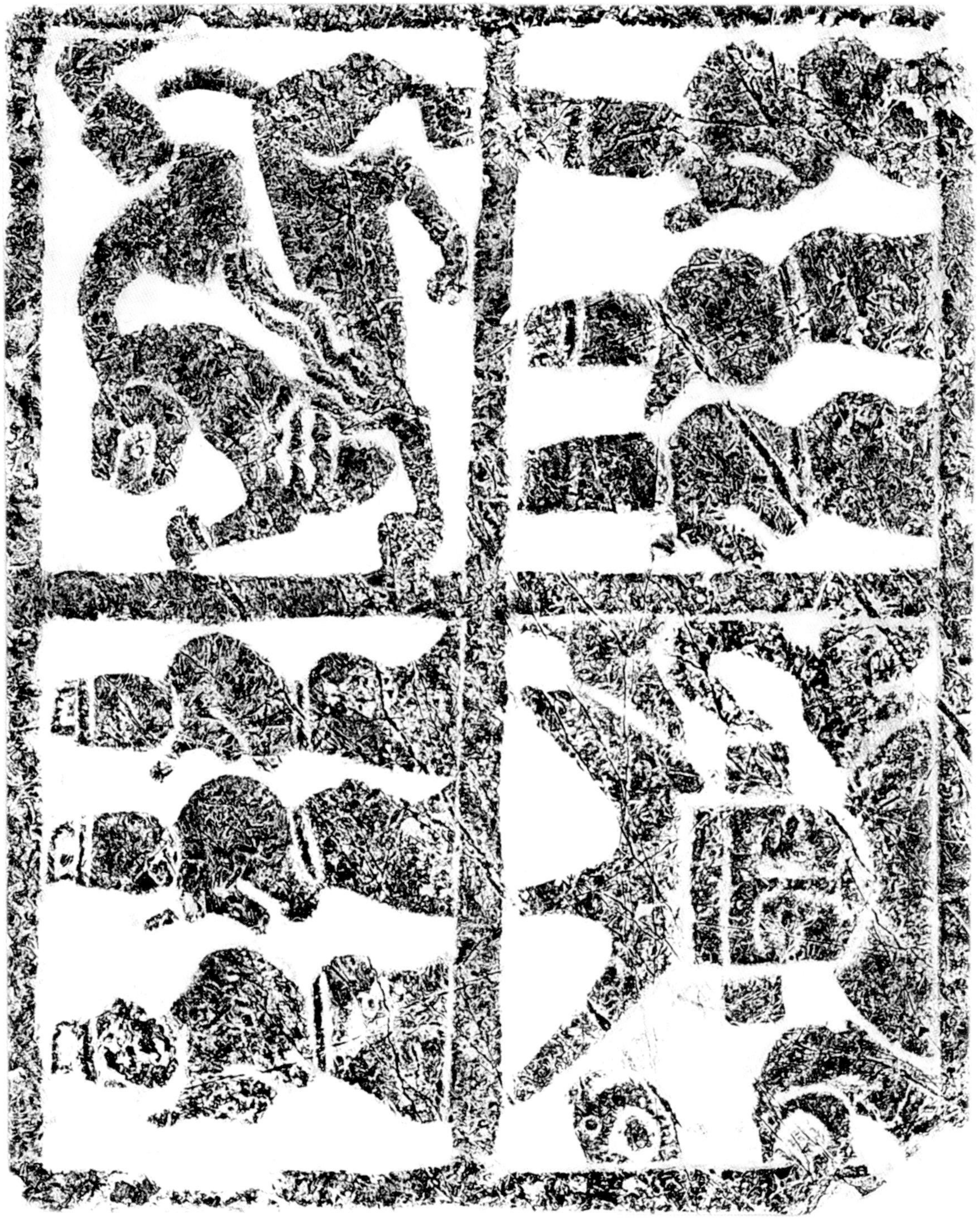

33. 西王母、拜谒、伏虎画像石

东汉

高 72、宽 87 厘米

临沂兰山出土

临沂市博物馆藏

平面高浮雕。画面有边栏。图像分四格。左上刻一人伏虎。左下和右上均刻三人戴冠着袍谒拜。右下刻西王母戴三山冠、胜。

34. 胡汉战争画像石

东汉

高 94、宽 82 厘米

临沂兰山出土

临沂市博物馆藏

平面高浮雕。画面有边栏。图像分两栏。左栏，四排汉人，左手持盾，右手执环首刀，下方有一人持戟。右栏，四排胡人，张弓欲射。

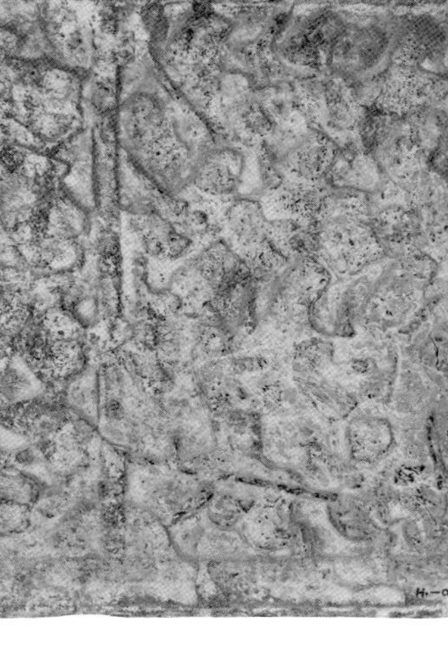

35. 狩猎、燕居画像石

东汉

高 85、宽 184 厘米

临沂罗庄出土

临沂市博物馆藏

平面高浮雕。画面有边栏。图像分两栏。上栏，狩猎图。猎人或手持火把，或荷筚，或持戟，或牵犬，追捕鸟兽。下栏，画面左端一尊者端坐，其左侧立两侍者，右侧有一人跪拜；中部两人树下宴饮；右端树下一人一马。

36. 翼龙、翼虎、朱雀画像石

东汉

高 94、宽 92 厘米

临沂红埠寺出土

临沂市博物馆藏

平面高浮雕。画面有边栏，中间隔栏内饰垂幛纹。图像分两栏。上栏，翼龙、翼虎回首相对。下栏，两朱雀对首衔珠展翅。

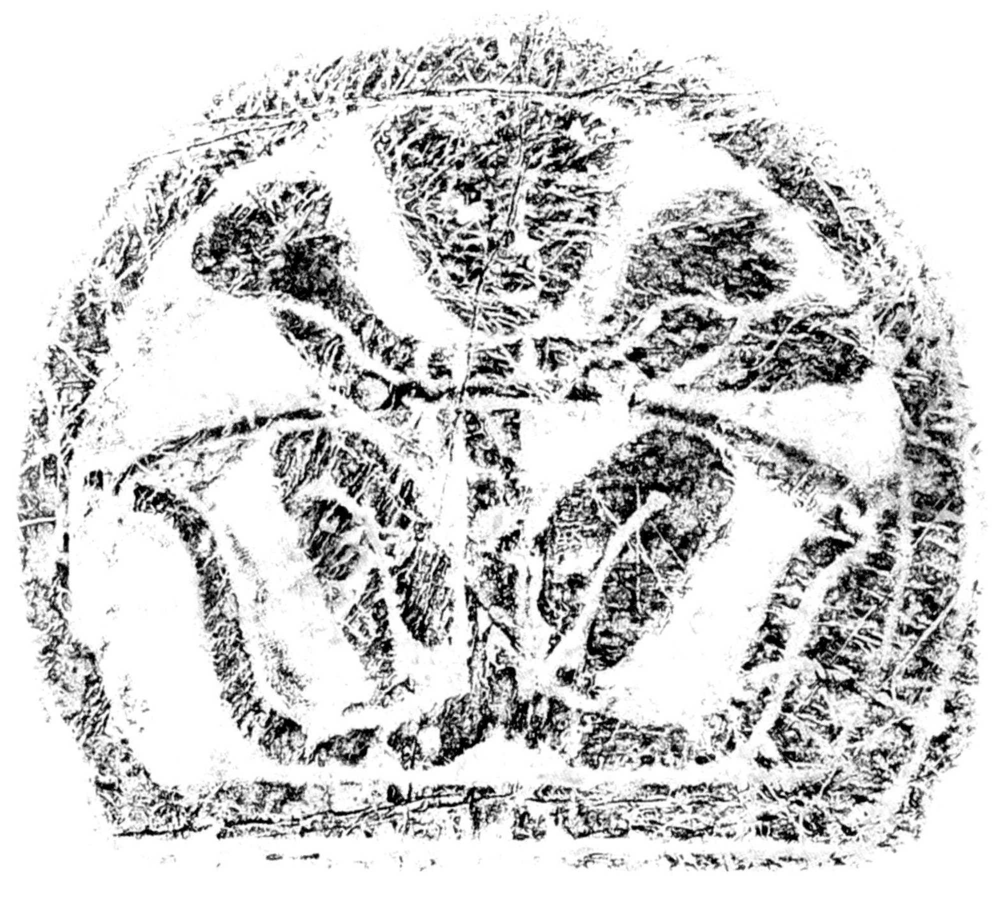

37. 蹶张石阙

东汉

高 64、宽 33、厚 15 厘米

临沂市博物馆藏

浅浮雕。画面有边栏。图像为一蹶张武士，头戴平帻，双脚踏弓，双手奋力拉弦。

38. 玄武画像石

东汉

高 101、宽 37、厚 29 厘米

临沂西张官庄出土

临沂市博物馆藏

平面高浮雕。画面有边栏，左、上、右栏内饰垂幛纹。图像分两栏。上栏，玄武；下栏，炎帝。

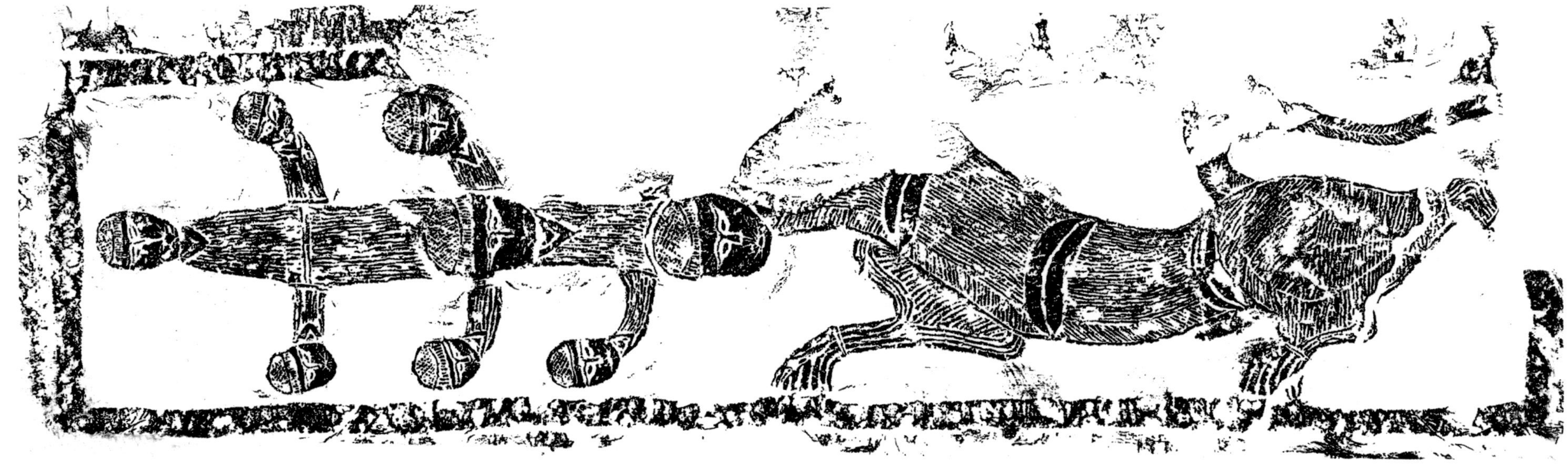

39. 九头人面兽画像石

东汉

高 101、宽 37、厚 29 厘米

临沂西张官庄出土

临沂市博物馆藏

平面高浮雕。左侧残损。画面有边栏。图像为九头人面兽。

二 沂南县北寨汉画像石墓博物馆

40. 车马出行画像石

汉

高 49、宽 167、厚 30 厘米

沂南县北寨汉画像石墓博物馆藏

浅浮雕。画面有边栏，上边栏内饰卷云纹，下边栏内饰涡纹。图像为车马出行，三轺车左行，前有一导骑。

41. 六博百戏画像石

汉

高 49、宽 237、厚 28 厘米

沂南县北寨汉画像石墓博物馆藏

浅浮雕。画面有边栏，上边栏内饰卷云纹，下边栏内饰涡纹。图像分三栏。中栏，中间竖建鼓，两人持桴击鼓；左侧一人倒立，一人跳丸，一人吹竽，一人吹笛；右侧一人吹排箫，两人六博，身后一侍者。左、右两栏，铺首。

42. 胡汉交战画像石

汉

高 49、宽 166、厚 30 厘米

沂南县北寨汉画像石墓博物馆藏

浅浮雕。画面有边栏，上栏内饰卷云纹，下栏内饰涡纹。图像左右两部各刻三人三马迎面对战。左边两汉兵骑马，弯弓欲射，一汉兵下马，右手持盾，左手执环首刀；右边两胡兵骑马弯弓，一兵下马伏地。

43. 扶桑树画像石

汉

高 118、宽 41、厚 28 厘米

沂南县北寨汉画像石墓博物馆藏

浅浮雕。画面有边栏，上边栏内饰三角纹，右边栏内饰水波纹。石面刻一扶桑树，树干上有两只猿猴上攀，树枝上有鸟筑巢，幼鸟在巢中嗷嗷待哺，数只鸟在树周围或飞或停。

44. 拜谒画像石

汉

高 118、宽 68、厚 34 厘米

沂南县北寨汉画像石墓博物馆藏

浅浮雕。画面有边栏，左栏内饰涡纹。图像为三层楼阁，一层堂内一人跪坐，前方一人跪拜，堂外左右各有一常青树；二层厅堂内两人坐榻对谈，堂外左右各立一侍者；顶层门微启，门上饰铺首衔环，屋檐上有朱雀、凤鸟、鸮等飞鸟栖息。

45. 羽人、瑞兽画像石

汉

高 50、宽 248、厚 32 厘米

沂南县北寨汉画像石墓博物馆藏

浅浮雕。画面有边栏，上边栏内饰卷云纹，下边栏内饰涡纹。图像分三栏。中栏，画面中部，一熊居中；其右侧两羽人骑鹿，一羽人前导，一羽人跟随；其左侧刻两侍女，一人迎宾，三人执木刺恭立。左、右两栏饰柿蒂纹。

46. 瑞兽画像石

汉

高 108、宽 36 厘米

沂南苏村出土

沂南县北寨汉画像石墓博物馆藏

平面高浮雕。画面有边栏。图像上方刻一树，树下一神兽。

47. 门吏画像石

汉

高 109、宽 32 厘米

沂南苏村出土

沂南县北寨汉画像石墓博物馆藏

平面高浮雕。画面有边栏。图像分两栏。上栏，一人捧盾。下栏，一人执木刺。

48. 门吏画像石

汉

高 106、宽 35 厘米

沂南苏村出土

沂南县北寨汉画像石墓博物馆藏

平面高浮雕。画面有边栏。图像分两栏。上栏，一人持木刺站立。下栏，一人持便面站立。

49. 瑞兽画像石

汉

高 109、宽 30 厘米

沂南苏村出土

沂南县北寨汉画像石墓博物馆藏

平面高浮雕。画面有边栏。图像分两栏。上栏，一鸟衔鱼。下栏，两神兽相搏。

50. 门吏画像石

汉

高 106、宽 28 厘米

沂南苏村出土

沂南县北寨汉画像石墓博物馆藏

平面高浮雕。画面有边栏。图像分两栏。上栏，一人执木刺。下栏，一人拥彗。

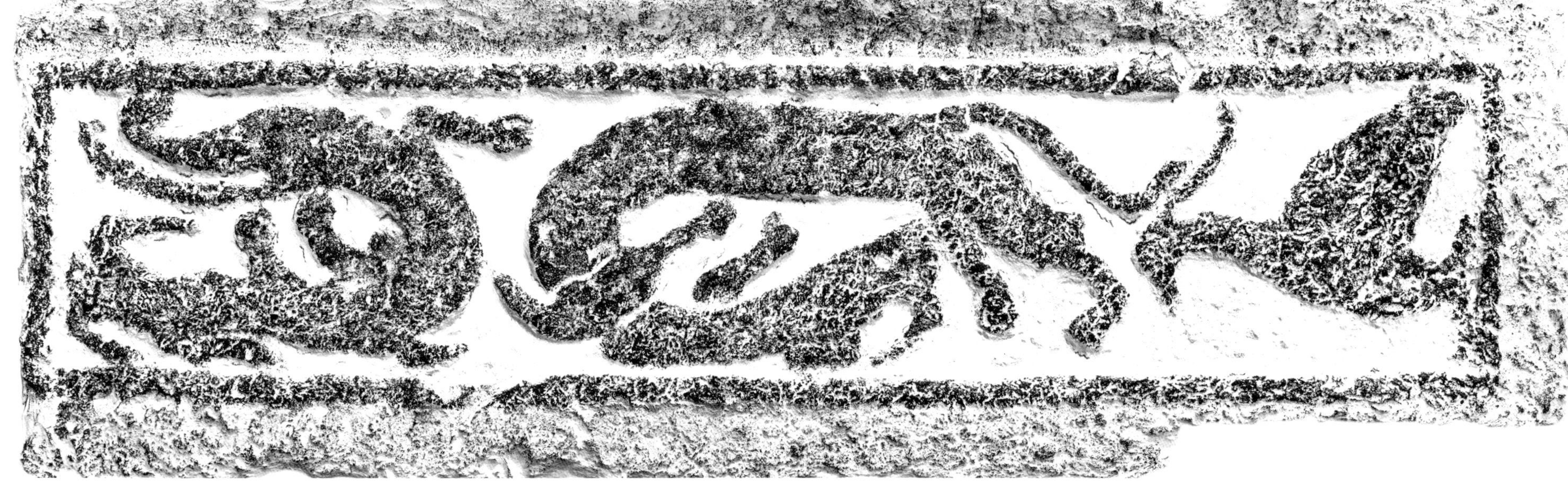

51. 瑞兽画像石

汉

高 105、宽 32 厘米

沂南苏村出土

沂南县北寨汉画像石墓博物馆藏

平面高浮雕。画面有边栏。图像自上而下刻两龙、一朱雀，两龙做翻腾状。

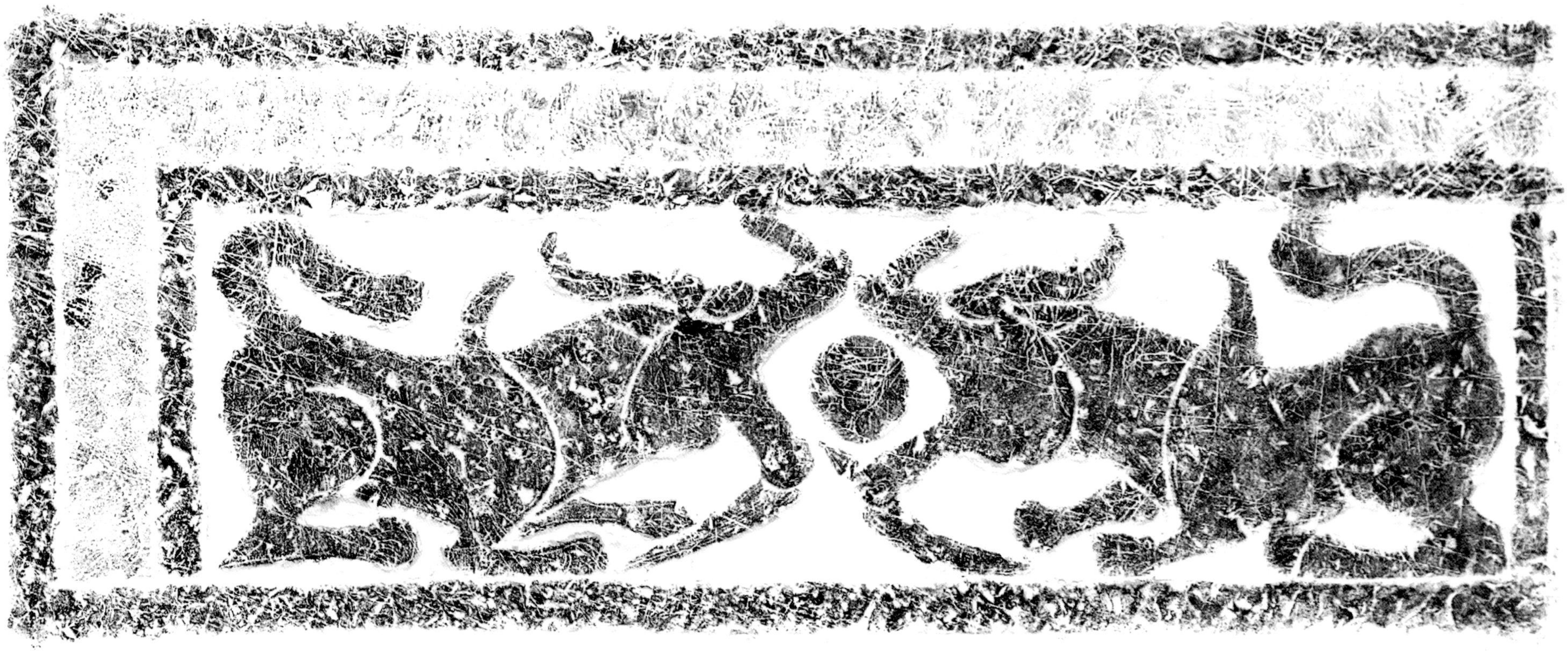

52. 龙衔五铢画像石

汉

高 43、宽 235 厘米

沂南砖埠出土

沂南县北寨汉画像石墓博物馆藏

平面高浮雕。画面有边栏。图像分两栏。左栏漫漶不清。右栏，两翼龙相对，口衔五铢。

53. 仙人、玉兔捣药、交龙立柱

汉

高 100、宽 27 厘米

沂南砖埠出土

沂南县北寨汉画像石墓博物馆藏

平面高浮雕。石柱三面刻有图像。画面有边栏。一面分两栏，上栏为仙人持瑞草；下栏为玉兔捣药，间饰垂幛纹填白。另外两面皆刻龙虎交缠。

54. 翼龙画像石

汉

高 98、宽 25 厘米

沂南砖埠出土

沂南县北寨汉画像石墓博物馆藏

平面高浮雕。画面有边栏。图像为一翼虎。

55. 翼龙画像石

汉

高 98、宽 25 厘米

沂南砖埠出土

沂南县北寨汉画像石墓博物馆藏

平面高浮雕。画面有边栏。图像为一翼虎。

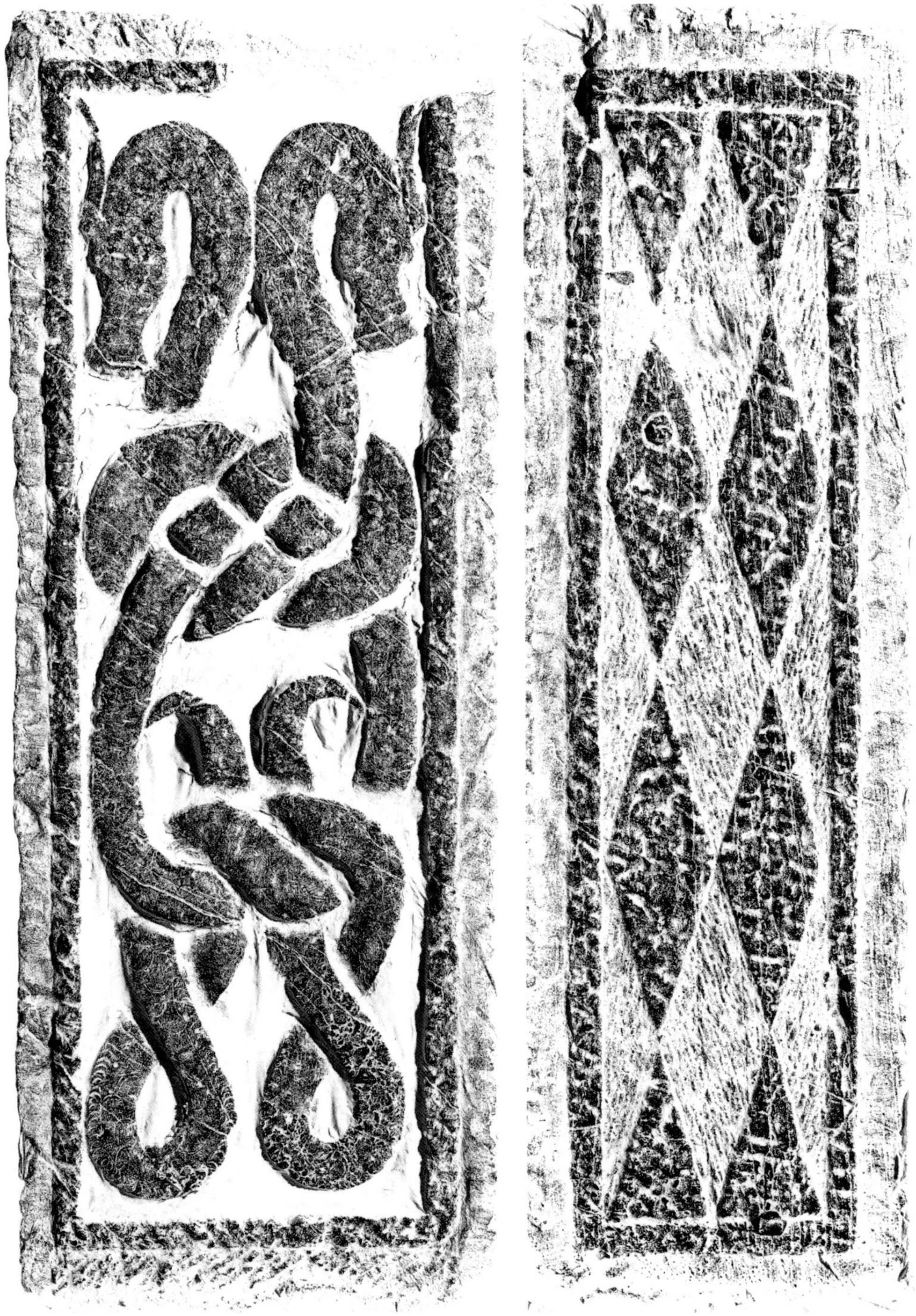

56. 交龙画像石

汉

高 90、宽 32 厘米

沂南砖埠出土

沂南县北寨汉画像石墓博物馆藏

平面高浮雕、浅浮雕。立柱。石柱两面刻有图像。画面有边栏。一面刻两龙交缠，另一面为双排菱形纹。

57. 人物、翼龙立柱

汉

高 99、宽 36 厘米

沂南砖埠出土

沂南县北寨汉画像石墓博物馆藏

平面高浮雕。石柱两面刻有图像。画面有边栏。正面分两栏，上栏为头戴山形冠的佩剑武士；下栏为一人手扶耜正面站立；间饰垂幛纹填白。侧面刻一翼龙。

58. 人物、翼龙立柱

汉

高 98、宽 31 厘米

沂南砖埠出土

沂南县北寨汉画像石墓博物馆藏

平面高浮雕。石柱两面刻有图像。画面有边栏。正面分两栏，上栏为头戴斗笠之人手扶耜正面站立，间饰垂幛纹填白；下栏为一鸟啄鱼。侧面刻一龙，龙首向上。

59. 楼阁人物画像石

汉

高 98、宽 166、厚 28 厘米

沂南大汪家庄出土

沂南县北寨汉画像石墓博物馆藏

平面高浮雕。画面有边栏。图像为层层叠叠的楼阁，画面中部，右边堂内女主人端坐于几上，两侧有侍者；左边堂内男主人端坐，两侧有执便面的侍者、捧木刺的拜者。上层为楼阁、瑞兽、持弓侍卫。下层为奏乐者和长袖舞者。

三 沂水县博物馆

60. 羽人饲凤、乐舞百戏画像石

汉

高 88.3、宽 172.5 厘米

沂水道托出土

沂水县博物馆藏

平面高浮雕。画面呈半圆形，有边栏。图像分两栏。上栏，一羽人持仙果饲雌雄双凤，其上栏内刻一双头龙张口喷水，左右龙头下各有一披发人顶盆接水。下栏，宴饮、乐舞百戏。中间两人对饮，身旁有执便面侍者；两侧为抚琴、长袖舞、倒立、跳丸、吹排箫的乐舞场面。

61. 羽人捧仙药、交龙画像石立柱

汉

高 117.5、宽 43.7、厚 37 厘米

沂水袁家庄出土

沂水县博物馆藏

平面高浮雕。立柱两面刻有画像。一面为两龙交错缠绕，一面为一羽人手捧仙药。

62. 龙、毕方鸟衔绶带画像石

汉

高 116、宽 48、厚 53 厘米

沂水县博物馆藏

平面高浮雕。画面有边栏，中间隔栏内饰垂幛纹。图像分两栏。上栏为一龙。下栏为毕方鸟衔绶带。

63. 门阙画像石

汉

高 105、宽 48、厚 37 厘米

1981 年沂水许家湖出土

沂水县博物馆藏

浅浮雕。画面有边栏。图像为门阙，顶立一凤鸟。

64. 妇人启门画像石

汉

高 64、宽 137 厘米

1979 年黄山出土

沂水县博物馆藏

高浮雕。右端残缺。画面有边栏，上、左栏内饰穿璧纹。画面中部刻一门楼，楼门半掩，一妇人探出半截身子，门外两边各一吏执棨戟；门楼两侧有子母双阙，檐上有两猿攀爬。

65. 庖厨、车马出行画像石

汉

高 45、宽 156、厚 38 厘米

沂水新大陆橡胶厂出土

沂水县博物馆藏

平面高浮雕。画面有边栏。图像分两栏。上栏，庖厨图。右边一人灶前烧火，中间案上放盆、锅，左边悬挂鱼、肉。下栏，车马出行。两伍伯、三导骑、一轺车右行，右端一人捧盾迎宾。

66. 祥瑞、射爵画像石

汉

高 116、宽 42、厚 45 厘米

沂水许家湖出土

沂水县博物馆藏

平面高浮雕。立柱两面刻有画像，画面有边栏，皆分三栏。一面，上栏，毕方鸟衔绶带；中栏，一羊；下栏，一兽，间饰垂幛纹、三角纹填白。另一面，上栏，射爵；中栏，一牛；下栏，大禹执臿。

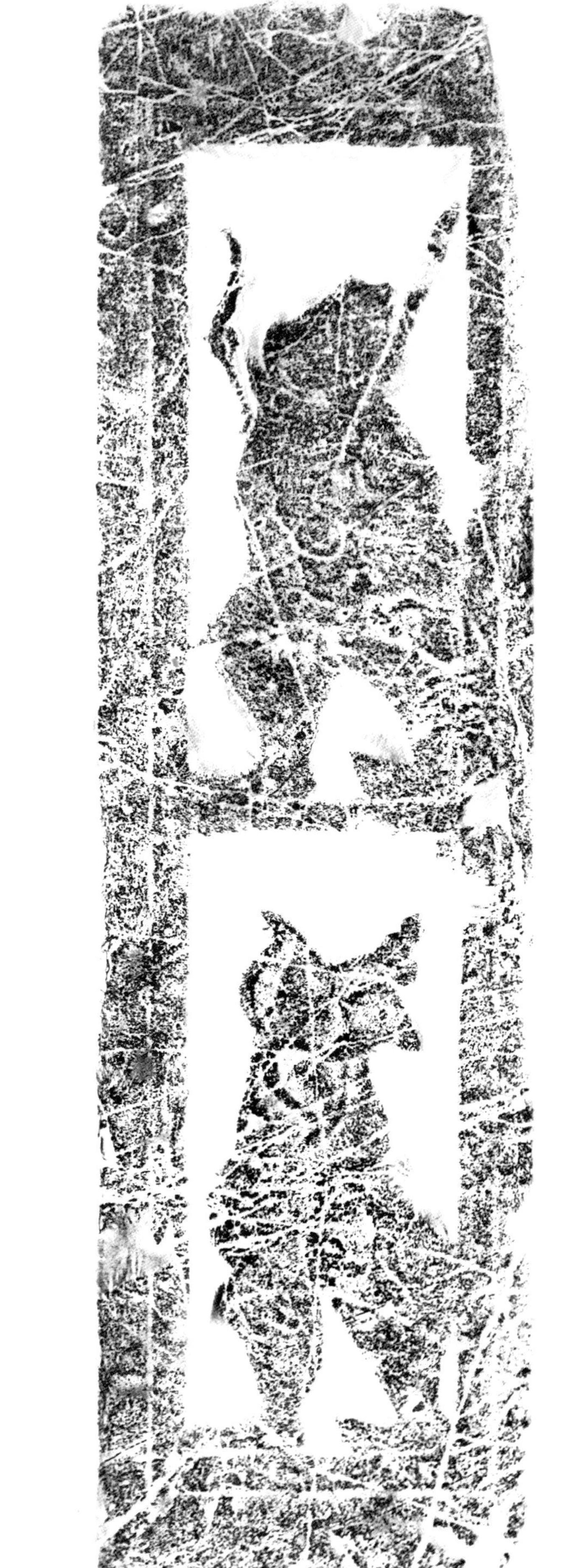

67. 武士画像石

汉

高 116、宽 42、厚 45 厘米

沂水许家湖出土

沂水县博物馆藏

平面高浮雕。画面有边栏。图像分两栏。上栏，武士执环首刀。下栏，武士执弓箭。

68. 门吏、祥瑞画像石

汉

高 115、宽 45、厚 47.5 厘米

沂水许家湖出土

沂水县博物馆藏

平面高浮雕。立柱两面刻有画像，画面有边栏，皆分两栏。一面，上栏，一门吏拥彗；下栏，一武士执环首刀。另一面，上栏，毕方鸟衔绶带；下栏，一凤鸟正面站立。

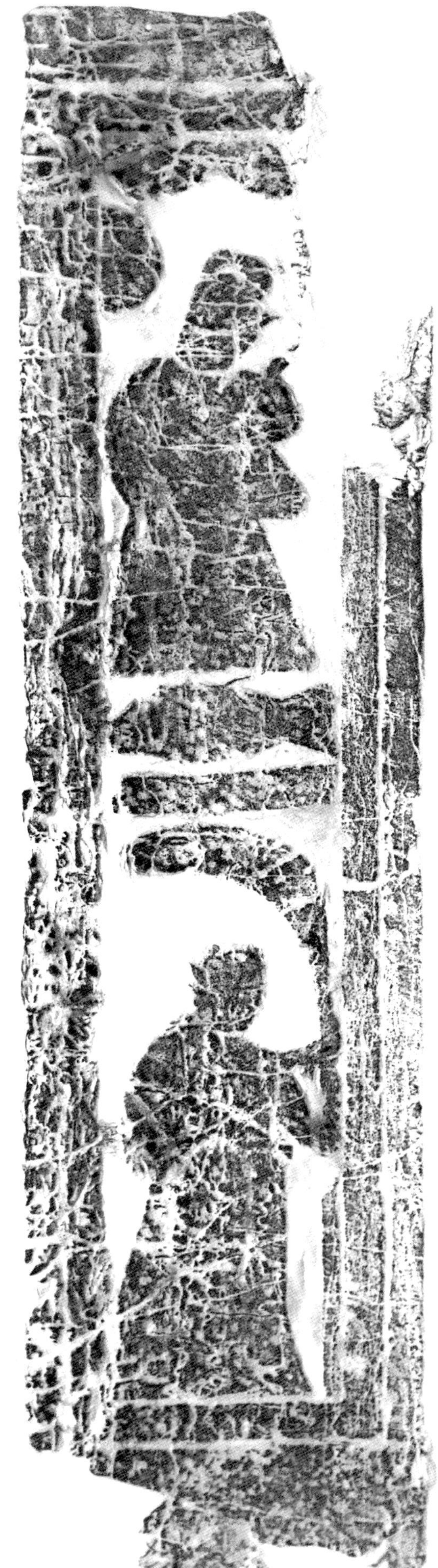

69. 门吏画像石

汉

高 114.6、宽 42、厚 38 厘米

沂水许家湖出土

沂水县博物馆藏

平面高浮雕。画面有边栏。图像分两栏。上栏，上部刻一门吏执木刺，下部刻一鱼；图像上方饰垂幛纹。下栏，一门吏拥彗。

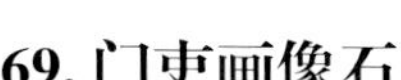

70. 瑞兽画像石

汉

高 116.6、宽 41、厚 40.1 厘米

沂水许家湖出土

沂水县博物馆藏

平面高浮雕。画面有边栏，右、下边栏上阴线刻水波纹。图像分两栏。上、下栏各刻一瑞兽。上栏图像上方饰垂幛纹。

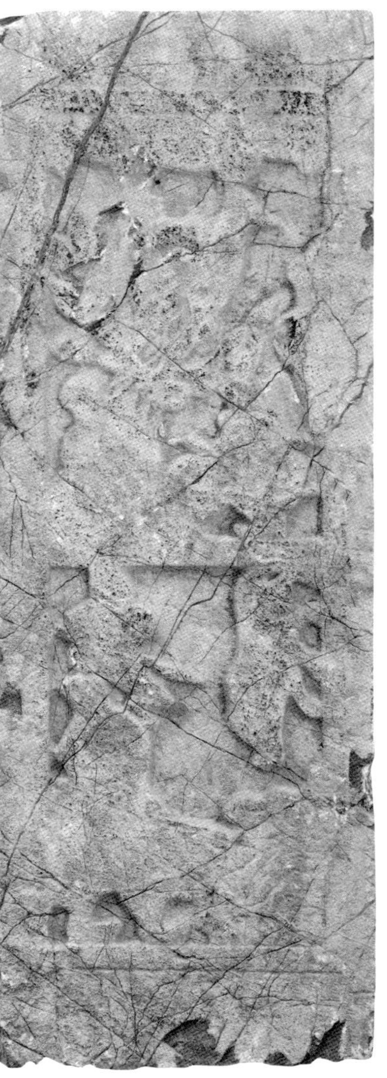

71. 仙人对饮狩猎画像石

汉

高 116.6、宽 41、厚 40.1 厘米

沂水许家湖出土

沂水县博物馆藏

平面高浮雕。画面有边栏。图像分两栏。上栏，树下两仙人饮宴，树上立一鸟；图像上方饰垂幛纹。下栏，两猎人执戟狩猎野猪。

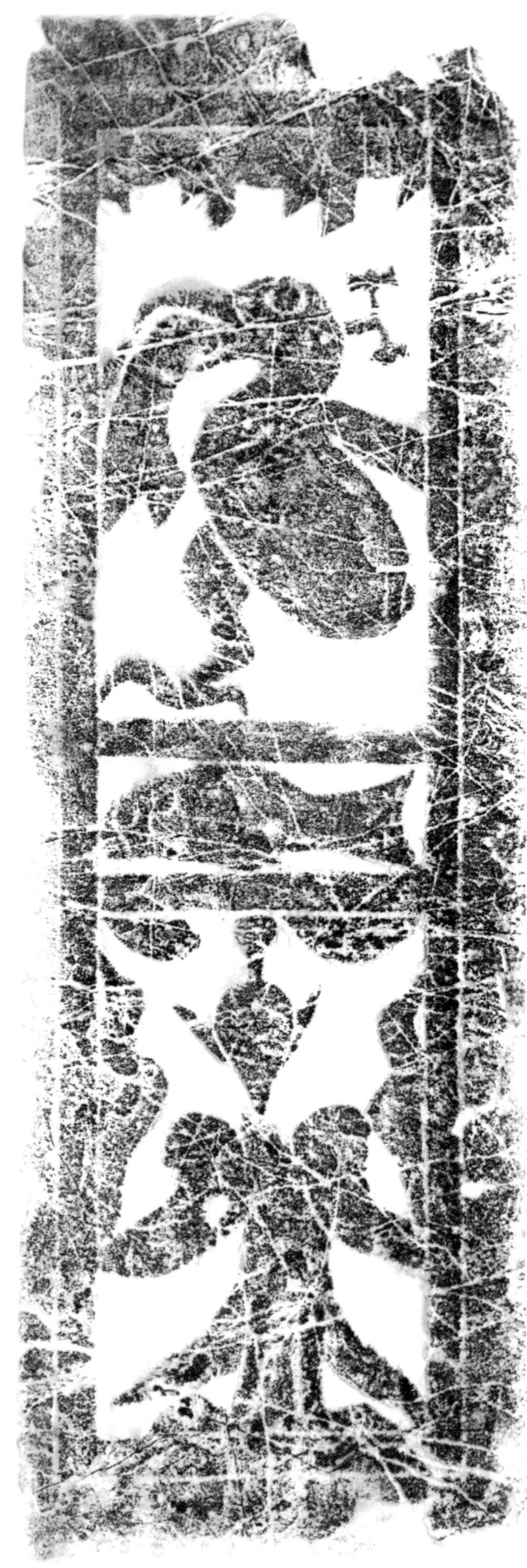

72. 毕方鸟画像石

汉

高 116.4、宽 47、厚 40 厘米

沂水许家湖出土

沂水县博物馆藏

平面高浮雕。画面有边栏。图像分三栏。上栏，毕方鸟衔绶带。中栏，一鱼。下栏，一凤鸟。

73. 瑞兽画像石

汉

高 116.4、宽 47、厚 40 厘米

沂水许家湖出土

沂水县博物馆藏

平面高浮雕。画面有边栏。图像分两栏。上栏，两毕方鸟衔绶带。下栏，两瑞兽，上方饰垂幛纹填白。

四 平邑县博物馆

74. 庖厨、乐舞画像石

东汉

高 110、宽 76、厚 21 厘米

平邑保太出土

平邑县博物馆藏

凿纹地凹面线刻。画面上、中、下有边栏，栏内饰菱形纹、垂幛纹。图像分两栏。上栏，庖厨。画面右侧，一人在辘轳井边汲水，身后一马低头在盆中饮水；左侧，上方一横杆悬挂猪头、鸡、鱼、兔等肉食，下方一人灶前烧火，身后一罐一樽，樽上放一勺。下栏，乐舞。一人挥长袖起舞，一人拍掌击节，一人抚琴，另有三人跪坐欣赏。

75. 人物画像石

东汉

高 110、宽 53、厚 21 厘米

平邑保太出土

平邑县博物馆藏

凿纹地凹面线刻。画面上、中、下有边栏，栏内饰菱形纹、垂幛纹。图像分两栏。上栏，三人戴冠着宽袖大袍，跪坐对谈。下栏，三人站立。

76. 神兽画像石

东汉

高 110、宽 31、厚 17 厘米

平邑保太出土

平邑县博物馆藏

凿纹地凸面线刻。画面刻一神兽。

77. 胡人、祥瑞、交龙画像石

东汉

高 128、宽 91、厚 29 厘米

平邑东埠阴出土

平邑县博物馆藏

平面高浮雕、圆雕。墓室立柱石，四面皆有画像，前面与左、右两侧面为高浮雕和圆雕的结合，后面画像有边栏，栏内饰垂幛纹。图像自上而下分别为羊、胡人和虎，羊、虎均为蹲伏状，胡人双手支撑膝盖，作蹲踞状。左面，胡人身后刻一人站立，双手向上斜举，下方刻一鸟；右面，羊下刻一翼龙回首。石柱后面刻二龙相交缠绕，龙首向上。

78. 胡人、祥瑞、操蛇之神画像石

东汉

高 131、宽 100、厚 31 厘米

平邑东埠阴出土

平邑县博物馆藏

平面高浮雕、圆雕、透雕。墓室立柱石，四面皆有画像。前面自上而下为一人、虎、一瑞兽，胡人头戴平顶冠，双手上举，作跪坐状；虎呈蹲伏状。后面自上而下为一人、一双角兽、一小兽，人右手撑于膝上，左手上举；双角兽呈蹲伏状。左面，双角兽上方刻一人蹲坐，右手托鹰；双角兽下方刻一长颈小头怪兽、一虎头，小头怪兽下方有一幼鸟。右面，虎身上方刻操蛇之神；虎身下方刻一胡人右手撑地，左手按于膝上，最下方有一怪兽蹲坐。

79. 胡人、祥瑞画像石

东汉

高 127、宽 85、厚 28 厘米

平邑东埠阴出土

平邑县博物馆藏

平面高浮雕、圆雕。墓室立柱石，四面皆有画像，画面四周有边栏，栏内饰垂幛纹。前面刻一虎作卧伏状，下刻一羊首。后面刻一胡人蹲踞。左面，虎身下刻一辟邪。右面，虎身下刻一瑞兽作蹲伏状。

80. 羽人、瑞兽、朱雀画像石

东汉

高 127、宽 60、厚 32 厘米

平邑东埠阴出土

平邑县博物馆藏

浅浮雕、圆雕。墓室立柱石，四面皆有画像。两侧面有边栏，栏内饰菱形纹、垂幛纹。前面自上而下刻瑞兽蹲踞。后面，上方刻一羽人，下方刻一人跽坐。左面，上栏，刻一朱雀展翅，其前一小朱雀；下栏，刻一瑞兽。右面，上栏，刻一朱雀展翅；下栏，刻一瑞兽。

81. 门吏、胡人画像石

东汉

高 120、宽 63、厚 27 厘米

大东阳村出土

平邑县博物馆藏

凿纹地浅浮雕、圆雕。墓室立柱石，四面皆有画像。前面，圆雕一胡人作蹲踞状。后面，浅浮雕一蟠龙，龙首漫漶不清。左面，浅浮雕一拥彗门吏。右面，雕一人盘坐，身前一蛇。

82. 胡人、瑞兽、朱雀画像石

东汉

高 120、宽 110、厚 27 厘米

大东阳村出土

平邑县博物馆藏

凿纹地浅浮雕、圆雕。墓室立柱石，四面皆有画像。前面，自上而下雕一虎、一人，虎作蹲伏状，人双手上举。左、右两面图案相似，刻雌雄朱雀对舞。后面，上方图案残损不清，下方刻一瑞兽。

83. 胡人、瑞兽画像石

东汉

高 130、宽 90、厚 24 厘米

保太镇东埠阴出土

平邑县博物馆藏

高浮雕、圆雕。墓室立柱石。前面，上方刻一人作蹲踞状，下方刻一双角兽作蹲伏状。右面，刻一瑞兽于双角兽上方，其下方刻一朱雀。左面、后面无画像。

五 莒南县博物馆

84. 瑞兽画像石

东汉

高 87、宽 36.5、厚 34.5 厘米

莒南大店出土

莒南县博物馆藏

浅浮雕。画面有边栏，栏内饰斜线纹。图像自上而下刻羊、虎、两鹿，皆向右奔走，两鹿后腿超出边栏，动物躯体饰斜线纹。

85. 交龙、玉兔捣药、奏乐画像石

东汉

高 87、宽 39、厚 33.5 厘米

莒南大店出土

莒南县博物馆藏

浅浮雕。画面有两重边栏，栏内饰斜线纹。图像上方刻两龙交缠，中部为玉兔捣药，下方两人对坐吹竽、吹笛。

六　郯城县博物馆

86. 瑞兽、仙人饲鹿画像石

汉

高 137、宽 63、厚 30 厘米

郯城庙山出土

郯城县博物馆藏

浅浮雕。画面有边栏，栏内饰菱格纹、斜线纹。图像分三栏。上栏，一人侧立。中栏，龙、虎、猴等瑞兽。下栏，仙人饲鹿。

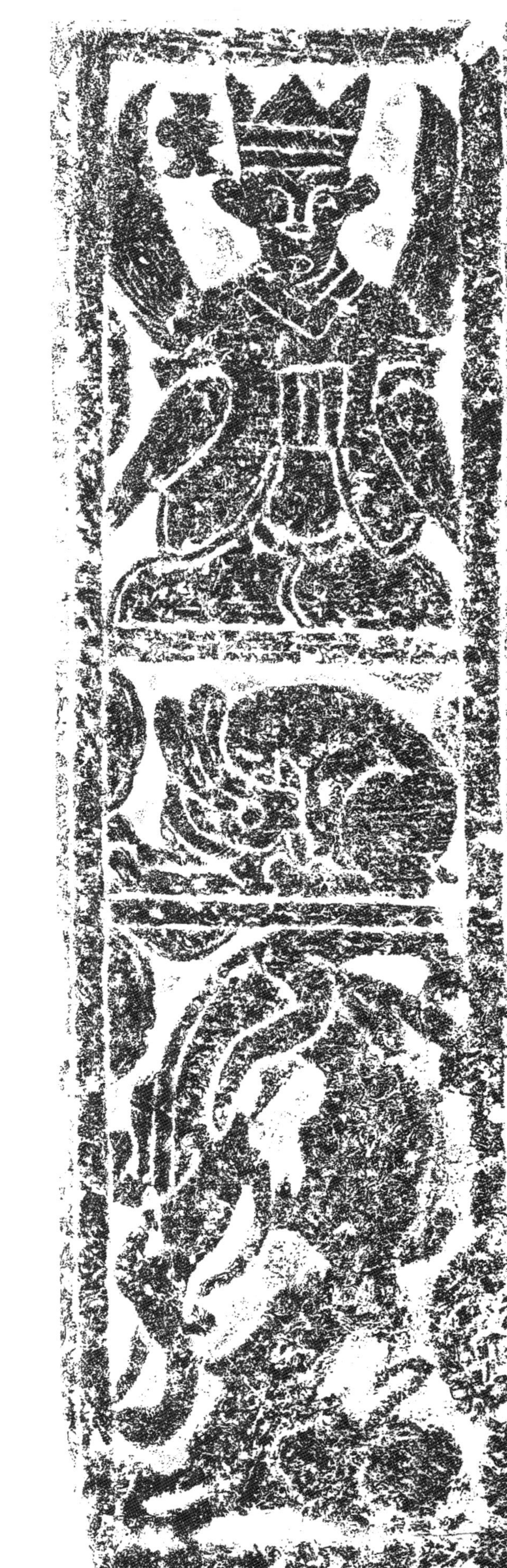

87. 西王母画像石

东汉

高 110.5、宽 30.5、厚 28.5 厘米

郯城马岭山出土

郯城县博物馆藏

浅浮雕。画面有边栏。图像分三栏。上栏，西王母戴胜正面端坐，肩生双翼。中栏，一玉兔伏卧。下栏，一龙蜷曲。

88. 孔子见老子画像石

东汉

高 136、宽 153.4、厚 15 厘米

郯城庙山出土

郯城县博物馆藏

浅浮雕。画面上、下、左有边栏。上边栏饰菱格纹、垂幛纹，下边栏饰菱格纹、十字穿璧纹，左边栏饰菱格纹。图像为孔子见老子故事，右端二圣人相对，老子居右执杖，孔子居左拱手，身后为项橐和孔门弟子。

89. 车马出行画像石

东汉

高 135、宽 297、厚 17.5 厘米

郯城庙山出土

郯城县博物馆藏

浅浮雕。画面四周有边栏，上边栏饰菱格纹、垂幛纹，下边栏饰菱格纹、十字穿壁纹，左、右边栏饰菱格纹、三角纹。图像为车马出行，三辆施维轺车、一导骑、四从骑右行，前有一人捧盾恭迎。

七 兰陵县博物馆

90. 胡汉桥头交战画像石

东汉

高 82、宽 220、厚 16 厘米

1973 年兰陵向城出土

兰陵县博物馆藏

平面高浮雕。画面有边栏。图像为胡汉桥头交战。桥上一施维轺车，前有三汉兵持盾、执刀，后随三从骑、一车，其中两从骑荷矛、一从骑执弓；桥右侧两胡兵弯弓射箭，汉兵持盾、执刀前行交战，两胡兵跪地；桥下有人划船、捕鱼。

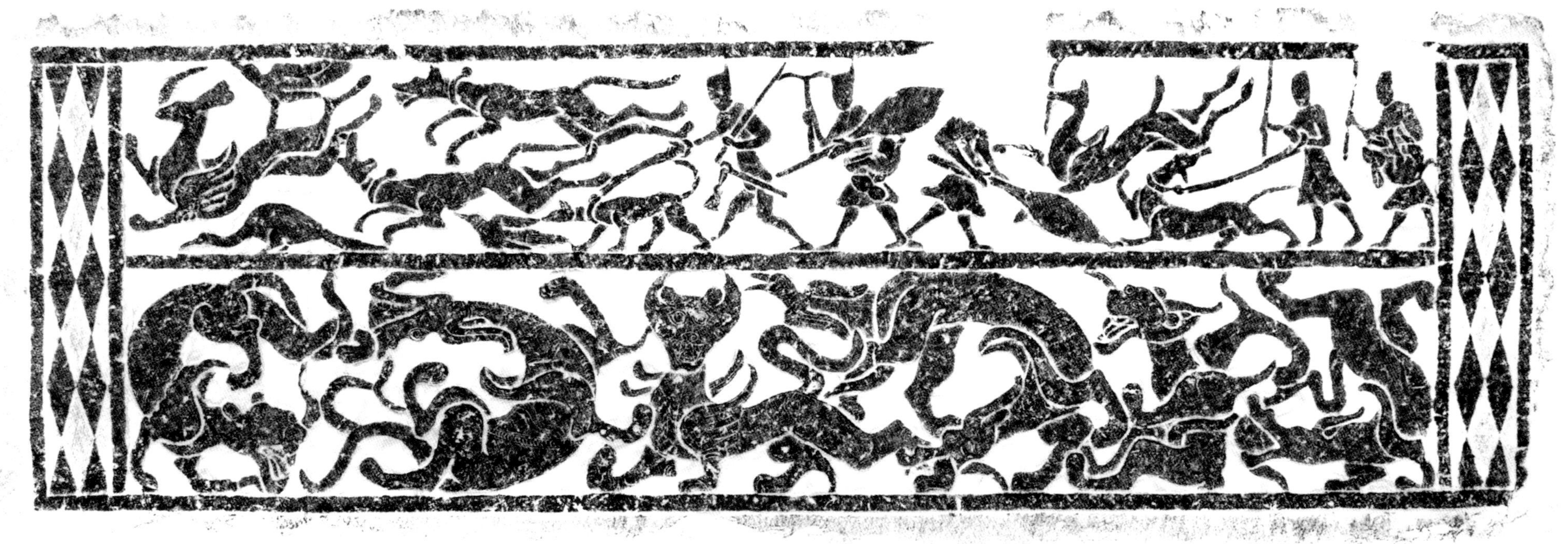

91. 狩猎、祥瑞画像石

东汉

高 75、宽 225、厚 17 厘米

1973 年兰陵向城出土

兰陵县博物馆藏

平面高浮雕。画面有边栏，左、右栏内饰双排菱格纹。图像分两栏。上栏，狩猎图。猎人们手执筚、弩、刀、棒等猎具，牵犬追捕鸟兽。下栏，祥禽瑞兽。翼龙、翼虎翻腾相戏，一鸟飞翔其间。

92. 格斗、驭龙、驯虎画像石

东汉

高 46、宽 206、厚 14 厘米

1992 年兰陵塑料厂出土

兰陵县博物馆藏

浅浮雕。画面有边栏，下栏内饰三排菱格纹。图像中间两武士格斗，一旁有三人拱手侧立；左侧，仙人驭龙，下有两龙回首；右侧，驯虎。

93. 燕居、祥瑞画像石

高 138、宽 92、厚 15 厘米

1992 年兰陵塑料厂出土

兰陵县博物馆藏

浅浮雕。画面有边栏，上栏内饰垂幛纹。图像分四栏。第一栏，仙人饲凤。第二栏，墓主人燕居，堂内两人拱手对坐；堂外两侧各立一侍者；檐上立两鸟。第三栏，祥禽瑞兽，三鸟一龙。第四栏，两鱼、一鹤。

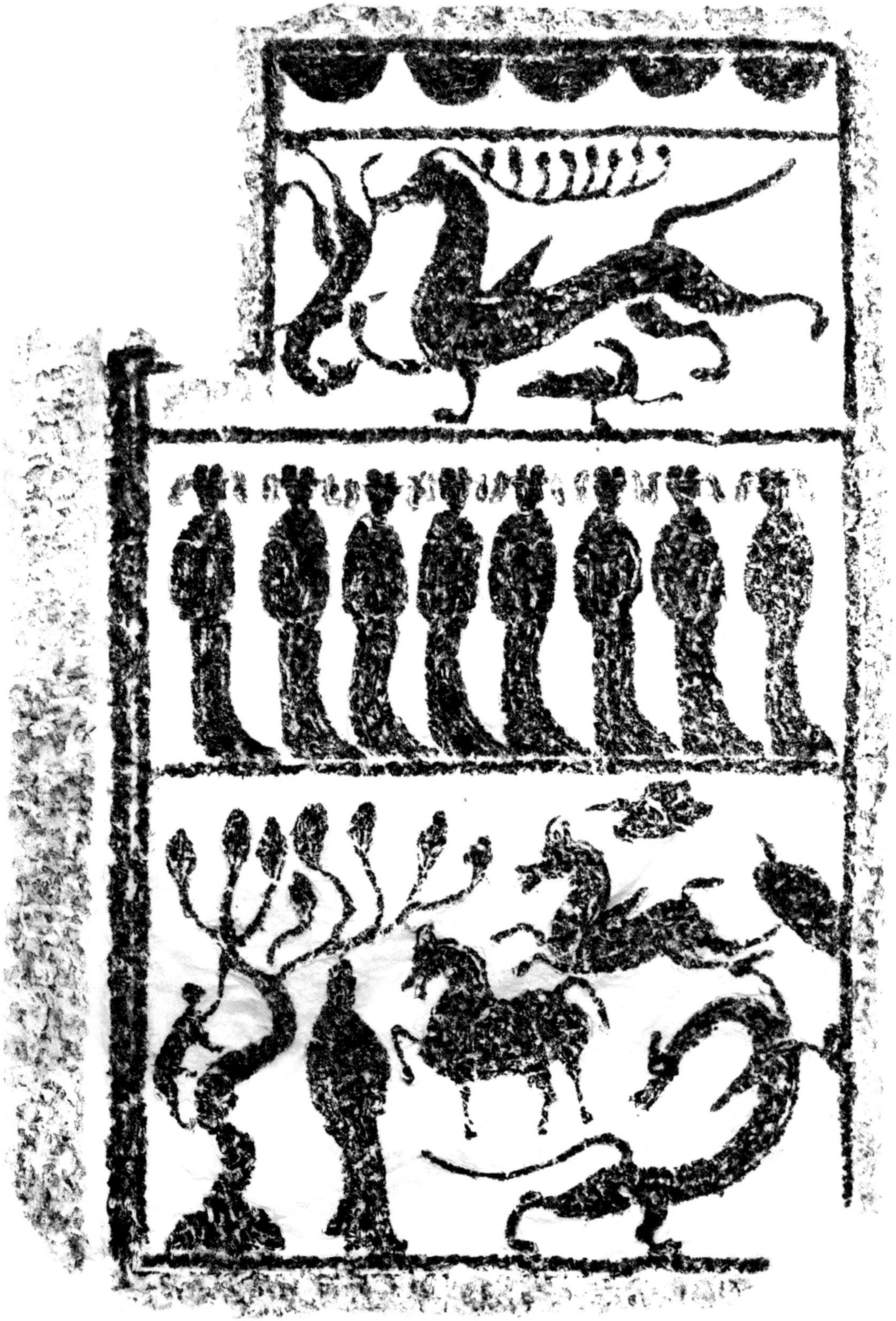

94. 侍女、祥瑞画像石

东汉

高 138、宽 92、厚 11 厘米

1992 年兰陵塑料厂出土

兰陵县博物馆藏

浅浮雕。画面有边栏，上栏内饰垂幛纹。图像分三栏。上栏，九头兽。中栏，八侍女侧身而立。下栏，马上封侯。

95. 刺虎画像石

东汉

高 32、宽 180、厚 22.5 厘米

1992 年兰陵塑料厂出土

兰陵县博物馆藏

浅浮雕。右端残缺。画面有边栏。图像中部有一人执戟刺虎，左侧三龙，右侧两鸟。

96. 车马出行画像石

东汉

高 32、宽 360、厚 33 厘米

1975 年兰陵鲁城出土

兰陵县博物馆藏

浅浮雕。画面有边栏，左、上、右栏内饰垂幛纹。图像分三栏。中栏，车马出行，三轺车、一辎车、两导骑、两执戟从骑、一执刀从骑右行；右端一人击鼓、一人扛旗、一人持盾恭迎；左端一人执木刺送行。左、右栏，柿蒂纹。

七　兰陵县博物馆

97. 门吏、翼虎画像石

东汉

高 126、宽 33、厚 27.5 厘米

1974 年兰陵东纸坊出土

兰陵县博物馆藏

平面高浮雕。画面有边栏。图像分两栏。上栏，一人向左侧跪，双手捧盾。下栏，一翼虎。

98. 双凤、翼虎画像石

东汉

高 105、宽 87、厚 15 厘米

1973 年兰陵城前出土

兰陵县博物馆藏

平面高浮雕。画面有边栏，右、下栏内饰垂幛纹，中间隔栏饰菱格纹。图像分两栏。上栏，双凤相对而立，左侧一翼虎回首。下栏，穿璧纹。

99. 龙、虎画像石

东汉

高 52、宽 124、厚 11 厘米

1973 年兰陵城前出土

兰陵县博物馆藏

平面高浮雕。画面有边栏，左、上、右栏内饰垂幛纹。图像为一翼龙、一翼虎回首相视。

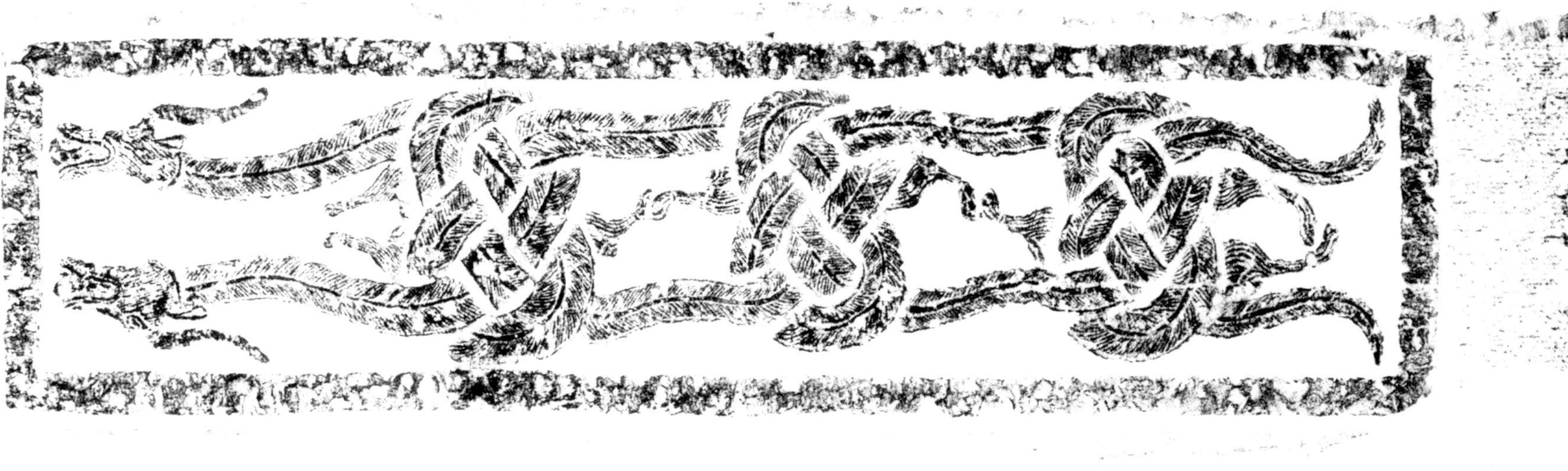

100. 交龙画像石

东汉

高 109.5、宽 26.5、厚 33 厘米

1973 年兰陵城前出土

兰陵县博物馆藏

平面高浮雕。画面有边栏。图像为双龙交缠，盘三结，龙首向上。

101. 车马过桥画像石

东汉

高 51、宽 168、厚 19 厘米

1973 年兰陵城前出土

兰陵县博物馆藏

平面高浮雕。画面有边栏。图像为三轺车右行过桥，前有三导骑，右上角刻一胡人骑马回首张弓；桥下有两人划船，船上坐两人，三人捕鱼。

102. 迎宾画像石

东汉

高 49、宽 165、厚 20 厘米

1973 年兰陵城前出土

兰陵县博物馆藏

平面高浮雕。画面有边栏。图像左侧，一辎车、一羊拉軿车、一导骑右行，前有一人持盾侧身恭迎；右侧，庭院大门半开，门上铺首衔环，门内有一人执便面，一人执手杖；侧门半开，门内一人，亭檐上立一鸟。

七

兰陵县博物馆

103. 车马出行、祥瑞画像石

东汉

高 52、宽 250、厚 12 厘米

1973 年兰陵城前出土

兰陵县博物馆藏

平面高浮雕。画面有边栏。图像分两栏。上栏，祥禽瑞兽。中间两兔，右侧一龙、一虎，左侧三龙、一龙首，间饰五只凤鸟填白。下栏，车马出行。两施维轺车、一斧车、一軿车、两导骑、一从骑左行，左端一人捧盾躬身相迎。

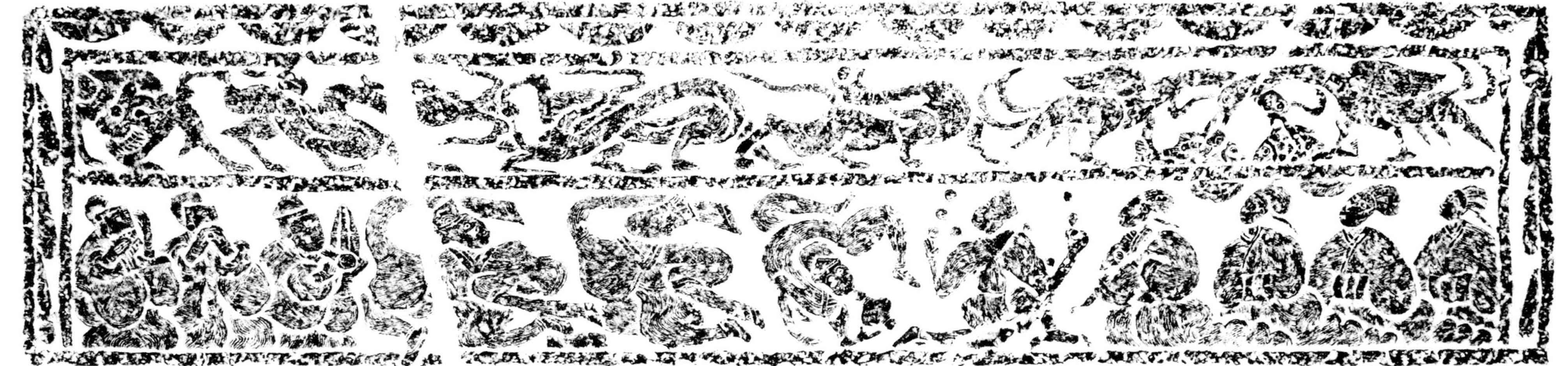

104. 乐舞杂技、瑞兽画像石

东汉

高 50、宽 208、厚 20 厘米

1973 年兰陵城前出土

兰陵县博物馆藏

平面高浮雕。画面有边栏，左、上、右栏内饰垂幛纹。图像分两栏。上栏，祥禽瑞兽。中间一青鸟衔药，右侧两交龙、一虎，左侧两鹤交颈衔鱼。下栏，乐舞杂技。中间两人长袖舞、一人倒立、一人跳丸；右侧一人吹排箫，一人吹埙，一人吹竽；左侧四人观赏。

105. 仙人画像石

东汉

高 108、宽 28、厚 29 厘米

1973 年兰陵城前出土

兰陵县博物馆藏

平面高浮雕。画面有边栏。图像分两栏。上栏，仙人执嘉禾坐于树座上，树座两侧有狐狸、人面兽做攀爬状。下栏，两羽人上下相叠，底部有一小山。

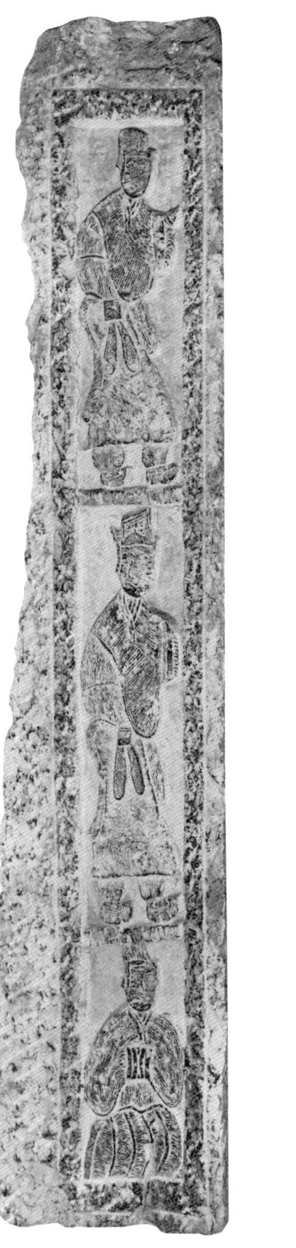

106. 门吏画像石

东汉

高 108、宽 28、厚 33 厘米

1973 年兰陵城前出土

兰陵县博物馆藏

平面高浮雕。墓门右立柱正面画像石。画面有边栏。图像分三栏。上栏，一人头戴笼冠，侧身恭立。中栏，一人头戴进贤冠，侧身恭立。下栏，一人拢袖正面端坐。

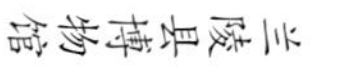

八 莒州博物馆

107. 周公辅成王、乐舞、列骑画像石

汉

高 94、宽 62、厚 11.5 厘米

莒县东莞出土

莒州博物馆藏

凿纹地凸面线刻、浅浮雕。画面有边栏，上栏内饰垂幛纹。图像分三栏。上栏，周公辅成王，成王在中间正面站立，左侧执伞盖者为周公。中栏，乐舞杂技。下栏，三骑右行。

108. 交龙、瑞兽画像石

汉

高 126.5、宽 30、厚 30 厘米

莒县城阳出土

莒州博物馆藏

平面高浮雕。画面有边栏。图像分两栏。上栏，两龙相交缠绕，下栏，一瑞兽。

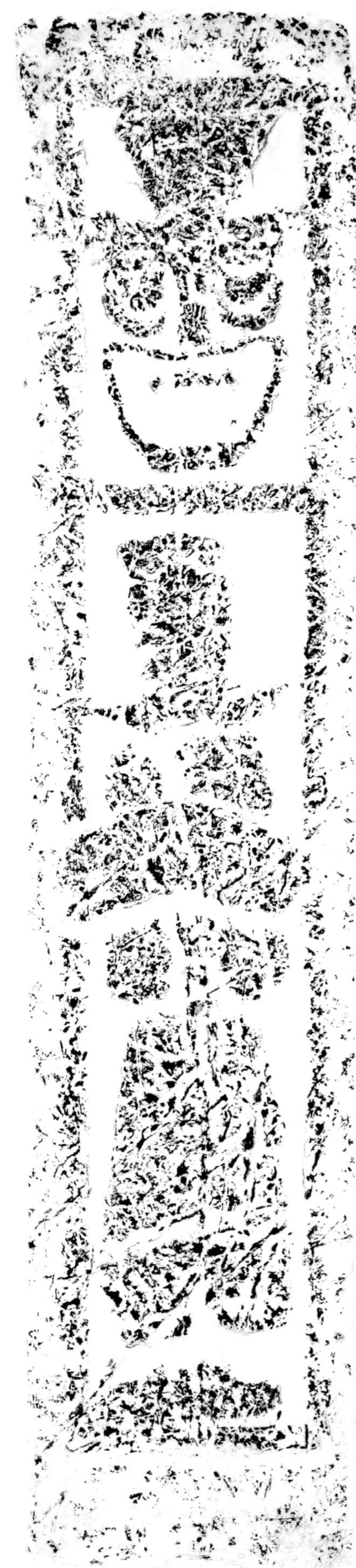

109.门吏画像石

汉

高127、宽33.5、厚34.5厘米

莒县城阳出土

莒州博物馆藏

平面高浮雕。画面有边栏。图像分两栏。上栏，铺首衔环，下栏，一门吏捧盾正面站立。

110. 交龙画像石

汉

高 111、宽 45.5、厚 17 厘米

莒县碁山出土

莒州博物馆藏

平面高浮雕。画面有边栏。图像为交龙。

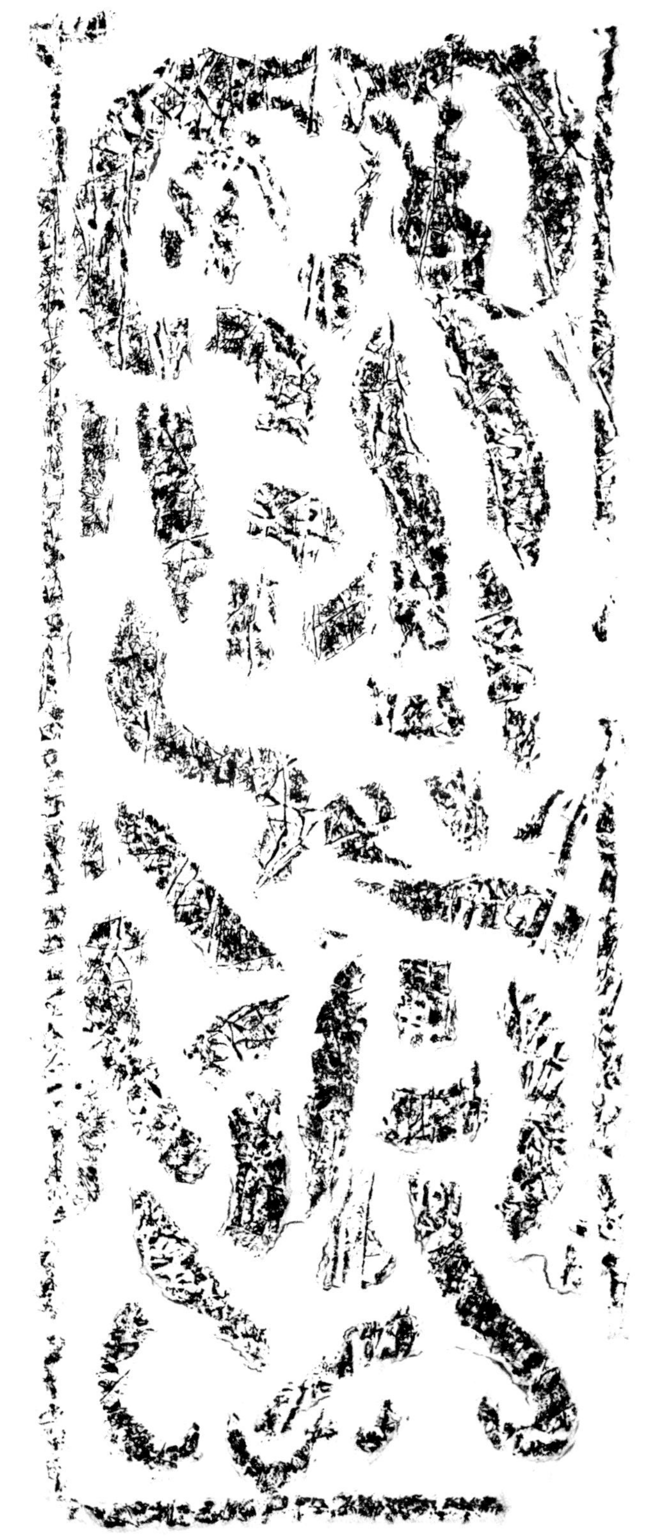

111. 车马出行画像石

汉

高 46.5、宽 139.5、厚 19 厘米

莒县碁山出土

莒州博物馆藏

平面高浮雕。画面有边栏。图像为一輂车、一导骑、两从骑右行。

112. 车马出行画像石

汉

高 47、宽 123.5、厚 20 厘米

莒县碁山出土

莒州博物馆藏

平面高浮雕。右端残缺。画面有边栏。图像为一轺车、一导骑、两从骑右行。

113. 车马过桥画像石

汉

高 28.5、宽 49、厚 41 厘米

莒县招贤出土

莒州博物馆藏

浅浮雕。左、右两端残缺。图像为一施维辎车、两从骑右行过桥，桥下有鱼。

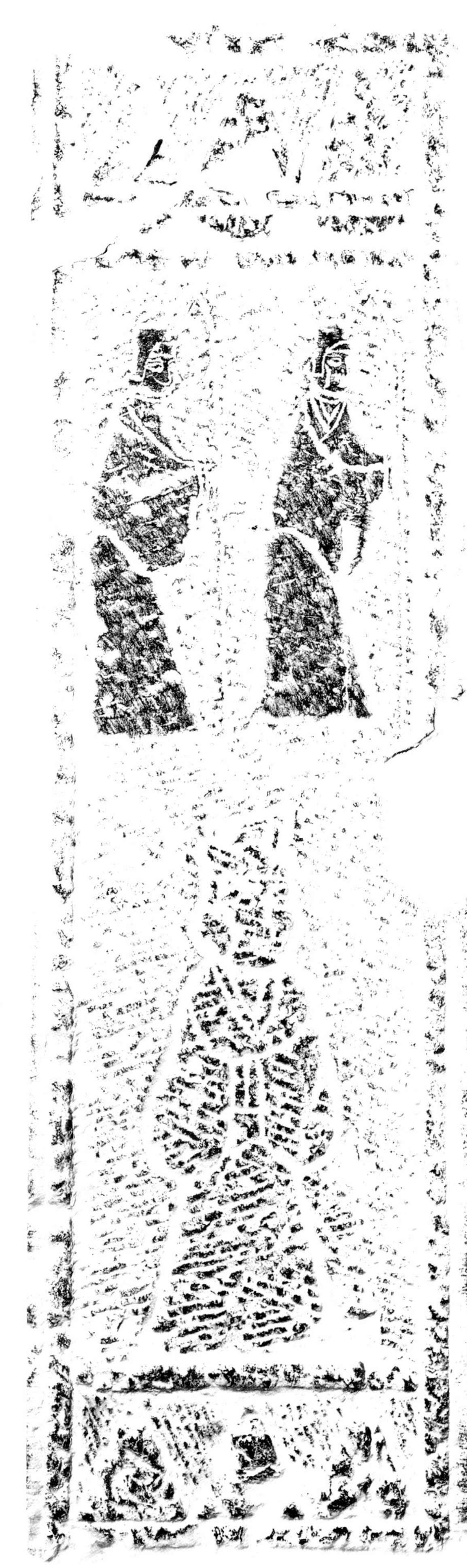

114. 门吏画像石

汉

高 94.5、宽 26、厚 20.7 厘米

莒县东莞出土

莒州博物馆藏

凿纹地凹面线刻、浅浮雕。画面有边栏，上、下栏内饰三角纹、垂幛纹。图像分两栏。上栏，两执戟门吏恭立，下栏，一门吏拢袖正立。

115. 车马出行画像石

汉

高 44.2、宽 145、厚 37.5 厘米

莒县东莞出土

莒州博物馆藏

平面高浮雕。画面有边栏。图像为车马出行，一轺车、两导骑右行；右端一人迎宾，左端一人送行。

116. 车马出行画像石

汉

高 46、宽 134.5、厚 34 厘米

莒县东莞出土

莒州博物馆藏

平面高浮雕。画面有边栏。图像为车马出行，一轺车、两导骑右行，右端一人迎宾。

117. 车马出行画像石

汉

高 46、宽 140.5、厚 36 厘米

莒县东莞出土

莒州博物馆藏

平面高浮雕。左端残缺。画面有边栏。图像为车马出行，两軿车、两导骑右行。

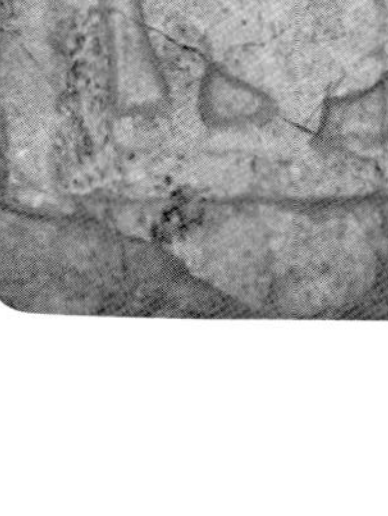

118. 祥瑞画像石

汉

高 114.5、宽 36、厚 36 厘米

莒县东莞出土

莒州博物馆藏

平面高浮雕。画面有边栏。图像自上而下刻麒麟、羽人持瑞草、方相氏执斧。

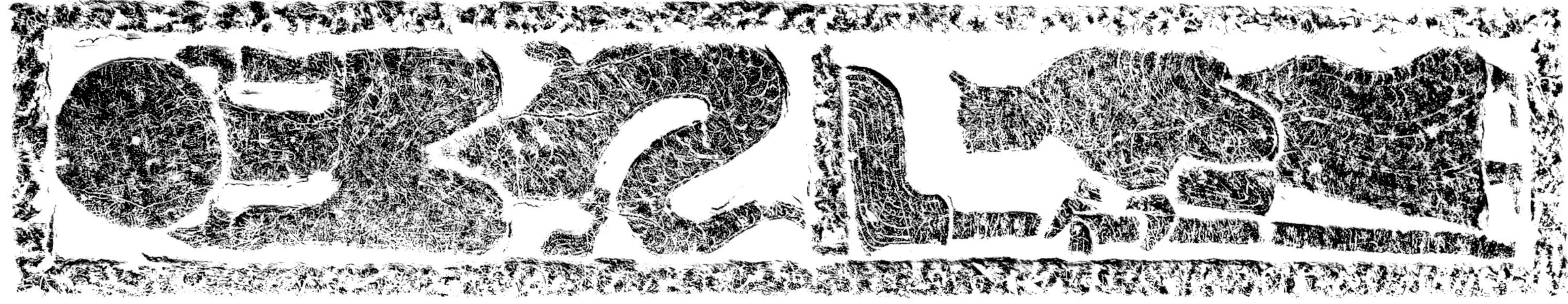

119.门吏画像石

汉

高117、宽42、厚36厘米

莒县东莞出土

莒州博物馆藏

平面高浮雕。画面有边栏。图像分两栏。上栏，羲和捧日。下栏，一门吏拥彗。

120. 捕鸟画像石

汉

高 114.5、宽 42、厚 36 厘米

莒县东莞出土

莒州博物馆藏

平面高浮雕。画面有边栏。图像为一人持竿捕鸟，上方刻两只飞鸟。

121. 祥瑞画像石

汉

高 116、宽 38、厚 37 厘米

莒县东莞出土

莒州博物馆藏

平面高浮雕。画面有边栏。图像为仙人执瑞草，上方刻一鹰衔蛇。

122. 神兽画像石

汉

高 100.5、宽 35、厚 34.5 厘米

莒县东莞出土

莒州博物馆藏

平面高浮雕。画面有边栏。图像为三神兽。

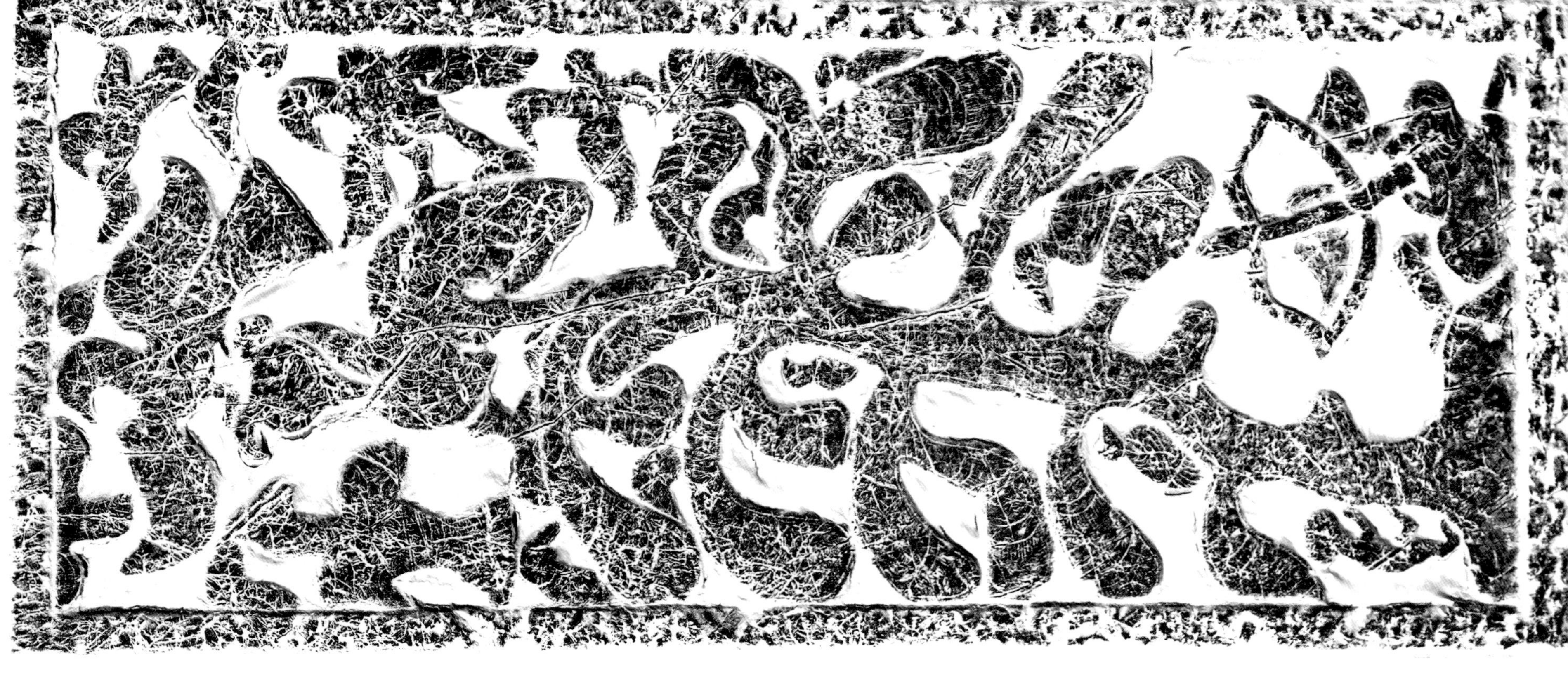

123. 射爵画像石

汉

高 101、宽 47、厚 34.5 厘米

莒县东莞出土

莒州博物馆藏

平面高浮雕。画面有边栏。图像为射爵图，一神树，树上栖鸟，树下一人张弓欲射。

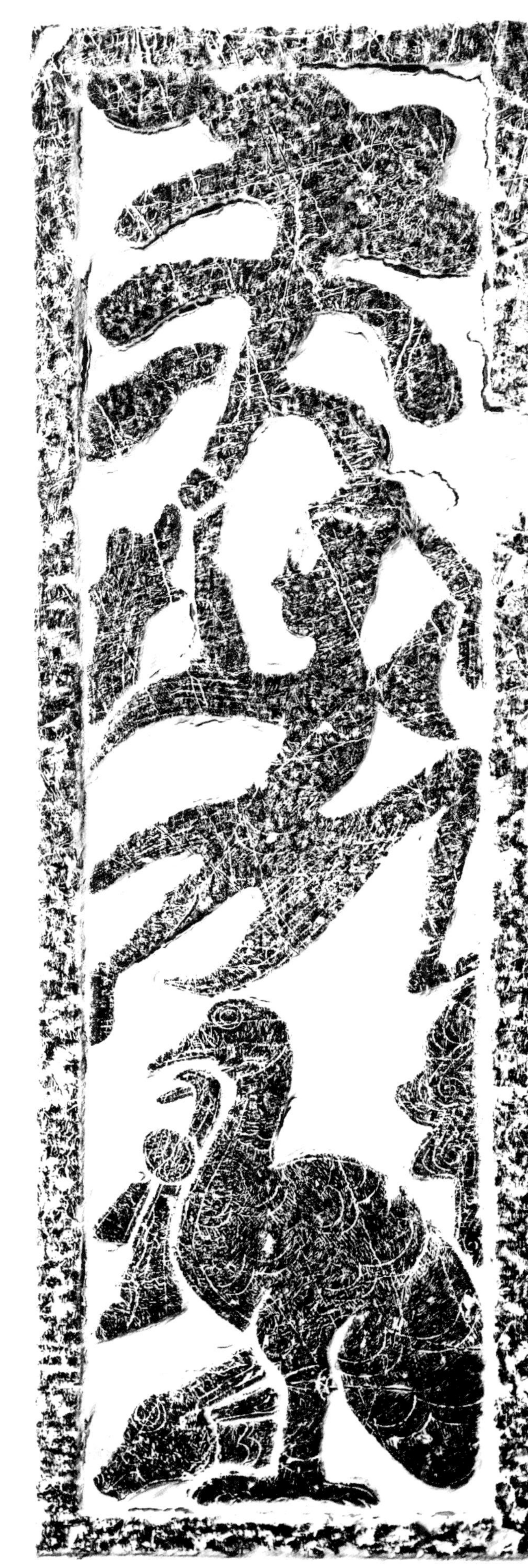

124. 祥瑞画像石

汉

高 103、宽 36、厚 35 厘米

莒县东莞出土

莒州博物馆藏

平面高浮雕。画面有边栏。图像自上而下刻仙人执瑞草、毕方鸟衔绶带。

125. 瑞兽画像石

汉

高 102.5、宽 36.4、厚 32 厘米

莒县东莞出土

莒州博物馆藏

平面高浮雕。画面有边栏。图像为瑞兽和猿猴。

126. 亲吻图画像石

汉

高 101.7、宽 46.5、厚 34.7 厘米

莒县东莞出土

莒州博物馆藏

平面高浮雕。画面有边栏。图像分两栏。上栏，一人正面端坐；下栏，两人亲吻。

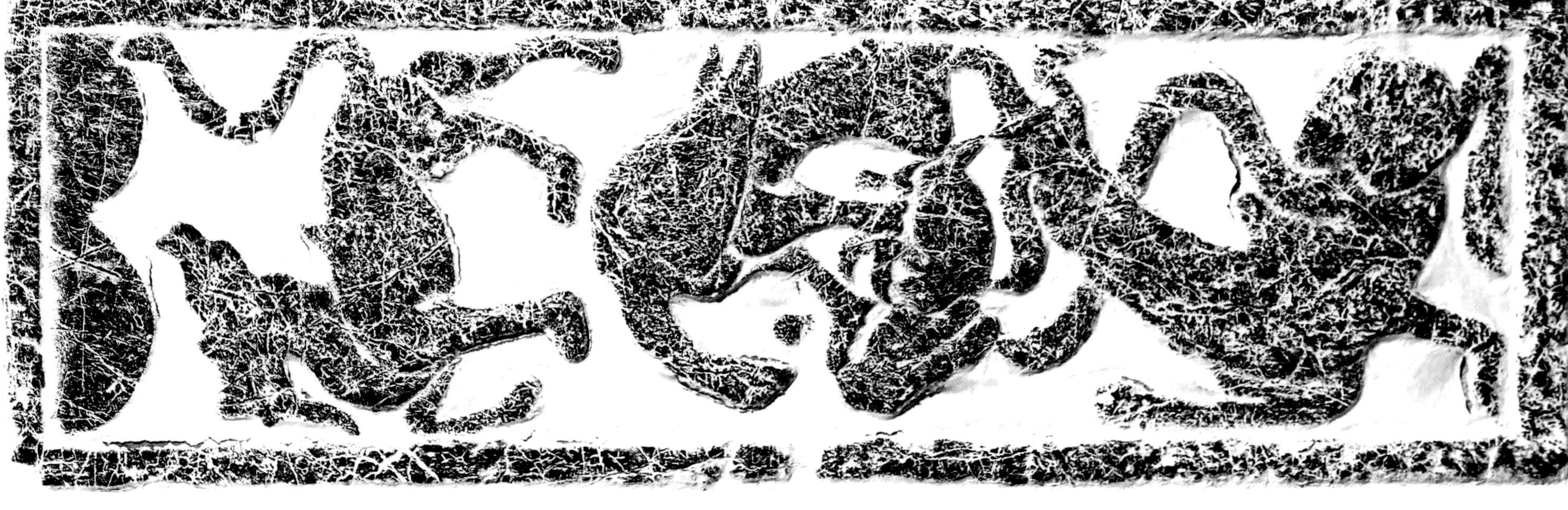

127. 瑞兽画像石

汉

高 100.5、宽 36.6、厚 35 厘米

莒县东莞出土

莒州博物馆藏

平面高浮雕。画面有边栏。图像自上而下刻麒麟、老鹰啄兔、龙。

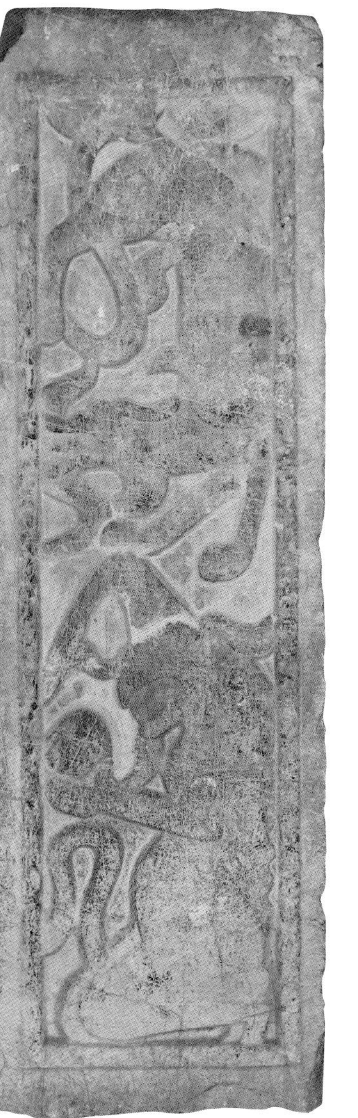

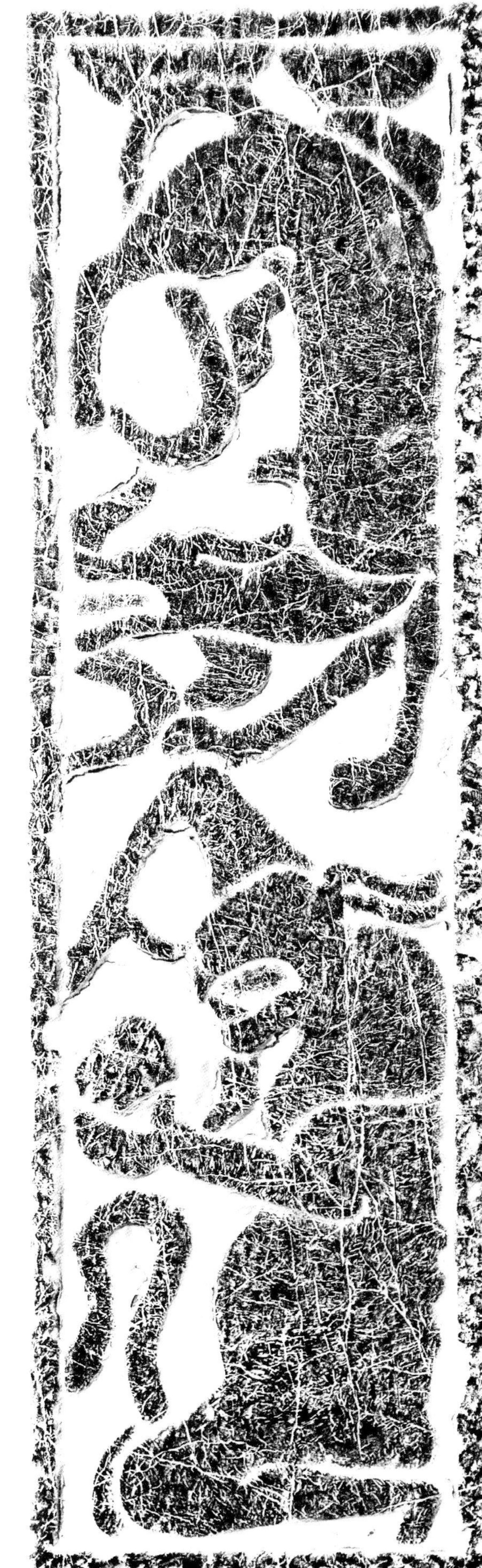

128. 瑞兽画像石

汉

高 112、宽 34.4、厚 36.5 厘米

莒县东莞出土

莒州博物馆藏

平面高浮雕。画面有边栏。图像自上而下刻翼龙、瑞兽。

129. 金乌画像石

汉

高 58、宽 25.5、厚 17 厘米

莒县东莞出土

莒州博物馆藏

浅浮雕。画面有边栏，中间隔栏饰垂幛纹。图像分两栏。上栏，三角纹。下栏，一轮太阳中央有一金乌，下方两人相对而立。

后　记

山东博物馆于2023年启动《汉画全集——山东卷》的编辑工作，《汉画全集——山东卷（临沂）》为四卷本的第二卷，共收录画像石129块，照片和拓片288幅，是对临沂地区汉画像石的一次全面调查、整理与考证，展示了临沂汉画像石的精品风貌。

本书编写期间，承蒙山东省文化和旅游厅、山东省文物局和山东博物馆各级领导的大力支持，成立了以刘延常馆长为主编的编委会，于秋伟、管东华为执行主编，阮浩、朱华、王冬梅、王灿、王玙为执行副主编，王海玉、宋爱平、刘梦雨、苏飞、李贞光、王相臣、李娟、何绪军、吕宜乐、赵庆阳、王飞、郭新等同志组成编写小组，大家共同完成此工作。编写组中，于秋伟负责省内馆际协调、文物挑选、文字编辑等工作，主编临沂市博物馆篇、郯城县博物馆篇；管东华负责文字撰写、出版协调等工作，主编沂南县北寨汉画像石墓博物馆篇、沂水县博物馆篇；王灿主编平邑县博物馆篇、兰陵县博物馆篇；王玙主编莒南县博物馆篇、莒州博物馆篇；阮浩、朱华负责文物照片的拍摄、编辑工作。

本书编写过程中，感谢山东各地文旅局和博物馆的同仁不辞辛劳，协助资料进行收集和核对工作。文物出版社的编辑以高度的专业精神和严谨的工作态度，确保了图书的学术性和出版品质，谨在此表示感谢。

本书编写组

2025年春于济南